立體看敦煌

（精華版）

李美賢　紀文鳳　編著

商務印書館

立體看敦煌（精華版）

編　　著：李美賢　紀文鳳
責任編輯：蔡柷音　林雪伶
封面設計：麥梓淇
出　　版：商務印書館（香港）有限公司
　　　　　香港筲箕灣耀興道 3 號東滙廣場 8 樓
　　　　　http://www.commercialpress.com.hk
發　　行：香港聯合書刊物流有限公司
　　　　　香港新界大埔汀麗路 36 號中華商務印刷大廈 3 字樓
印　　刷：美雅印刷製本有限公司
　　　　　九龍觀塘榮業街 6 號海濱工業大廈 4 樓 A 室
版　　次：2022 年 9 月第 1 版第 1 次印刷
　　　　　© 2022 商務印書館（香港）有限公司
　　　　　ISBN 978 962 07 5916 1
　　　　　Printed in Hong Kong

重新發現《立體看敦煌》

　　2010 年，我隨李焯芬教授和夫人李美賢伉儷去敦煌為饒宗頤老師祝壽，從此與敦煌結下不解緣。也成為"香港敦煌之友"的成員，大家同心協力在香港推廣和弘揚敦煌藝術和文化。2011 年，我得到中國銀行的資助，安排了 30 位香港大學同學到敦煌實地研習和考察，同年更在香港會議展覽中心舉行了三場"敦煌情懷"公開講座，匯聚了當時最權威的敦煌專家學者來講學，計有遠道而來的敦煌研究院樊錦詩院長、敦煌御用攝影大師吳健先生、最早期（1978/79 年）進入敦煌石窟拍攝洞窟壁畫和彩塑的攝影名家王苗女士則由北京來港參加，更有新加坡籍以研究佛教寺院建築和敦煌藝術著名的何培斌教授。本港名家則有"敦煌石窟全集"出版人陳萬雄博士和策劃張倩儀博士，及致力佛學和文化傳承的李焯芬教授。講座是由李美賢老師主持，她為弘揚敦煌文化一直不遺餘力，也是眾多敦煌追隨者的啟蒙老師，我有幸也是其中一份子。

　　這是個含金量至高的講者團隊，應該是機會難逢，每人都分享了他們與敦煌的情緣，和個人與敦煌的獨特故事。

　　然後在 2014 年香港特區政府康樂及文化事務署、香港文化博物館和敦煌研究院在香港首次舉辦每四年一次的敦煌文化展覽，這年的專題是"敦煌——說不完的故事"。

趁着天時地利人和，我將"敦煌情懷"講座的內容和精華結集成書。書名用了李美賢老師時常掛在口唇邊的一詞："立體看敦煌"，好讓大眾從多方面、多角度，甚至全方位去認識敦煌！

敦煌莫高窟和北京故宮同是在 1987 年獲聯合國教科文組織列入《文化遺產名錄》，隨着 2013 年國家推出"一帶一路"倡議，2019 年國家領導人習近平主席親自到敦煌考察，敦煌成為內地文化焦點，與故宮並蒂花開——"人類的敦煌"和"世界的故宮"就成為中國最寶貴、全球最觸目的兩個世界文化遺產！

2022 年夏天香港故宮文化博物館開幕，加上第三屆敦煌大型展覽在沙田文化博物館舉行，香港人對中國文化的愛好和素養也日益增長，可惜新冠肺炎疫情肆虐兩年多，大家無法到內地敦煌和故宮朝聖。我卻因為宅在家時間多了，看書最充實！在重溫《立體看敦煌》一書，突然恍然大悟，這本書的作者全部（除了本人）都是當今最權威、最有代表性和擲地有聲的敦煌專家和學者，而且內容雋永，言有盡而意無窮！

故此決心製作《立體看敦煌（精華版）》，是希望新一代年青讀者有機會接觸到內地、香港和新加坡的各位敦煌專家學者的學養和心得，從而感動大家加入傳承和保護敦煌文化藝術的行列。《立體看敦煌（精華版）》聚焦大漠黃沙中的守護者，包括敦煌研究院院長及研究員、香港學術界人士、傳媒及資深出版人等，為讀者全面而立體地展示敦煌這個歷史、藝術與文化寶庫，誠邀各位一同參與這場偉大的文化盛宴。

香港天籟敦煌樂團創辦人和榮譽團長

紀文鳳

二〇二二年深秋

情繫敦煌

敦煌有看不完的洞窟，說不完的故事。敦煌的物、敦煌的事、敦煌的人，總教人神往、情牽，觸動不少人的心靈。從千多年前的商賈、僧侶、善眾，到今天絡繹不絕的遊人，他們都感受到敦煌文化和藝術的魅力。敦煌也展現了它的開放和包容，造就了不同文化間的對話和交融。

敦煌與香港在地理上相距三千公里，但卻連繫着一份特別的情緣，可能大家在歷史上都曾經是陸上及海上絲綢之路的商貿點，具有絲路文化開放和多元的性格，彼此意氣相投。有人說香港是個冷漠的地方，沒有人情味，也沒有文化的根和魂，事實卻不盡然。志蓮淨苑將已消失的唐代木構建築在香港重生，成為中國世界文化遺產的預備項目。蔡昌壽把在內地已失傳的古琴斲製藝術在香港再續，於 2014 年被列為國家級非物質文化遺產。這不是一些急功近利的事情，須對文化事業有視野，勇於承擔，敢於堅持。這點我們做得到。

香港對敦煌文化的保護和傳播也作出貢獻。香港商務印書館出版了《敦煌石窟全集》26 冊。香港的敦煌之友籌集捐獻，支持敦煌石窟的保護和修復，也資助壁畫數碼化工程。香港城市大學利用多媒體技術演繹敦煌壁畫藝術。近年在香港舉辦有關敦煌的文化學術活動，亦座無虛設，廣受歡迎。這看到香港人的情繫敦煌。香港文化博物館於 2014 年 11 月舉辦大型"敦煌 —— 說不完的故事"展覽，展出敦煌文物、經書典籍、臨摹壁畫，以及複製洞窟。我們希望更多人認識敦煌、關心敦煌、支持敦煌。

　　香港是個有情之地，也不乏有心之人，無私地參與守護敦煌的工作。我們也可以赤子之心，以勇氣和包容，守護我們的社會，傳承我們的文化，共創美好的家園。

香港故宮文化博物館館長及康樂及文化事務署前助理署長

吳志華

鳳舞敦煌

敦煌莫高窟是現今世界上規模最宏大、創作年代最悠長（近千年）的原址美術博物館。它形象地描繪了近千年中西文化藝術交流的進程，也說明了敦煌是古代中西文明交匯的十字路口。敦煌藏經洞 1900 年出土的六萬卷珍貴的文獻及文物，是研究中古中國社會及中外文化交流的重要史料。敦煌文化藝術的研究和傳承，因此具有重大的學術價值。在樊錦詩院長的帶領下，敦煌研究院近年在保育、研究和傳承方面均做了大量的工作，包括壁畫的數碼化和大量圖錄的出版。傳承當然也包括培育年青一代對敦煌藝術的了解和欣賞能力。敦煌研究院全人為此花了大量的心力。紀文鳳小姐亦為此特別組織並資助了香港大學的同學們到敦煌實地考察和學習。本書如實地記錄了她在傳承方面所作的努力和貢獻。它立體地把敦煌呈現在大家的面前，讓大家對敦煌的歷史和文化藝術有較全面和清晰的了解，從而更能體會保育和傳承的重要意義。相信大家會愛讀這本難得的好書，並從中有所啟發、獲益良多。

紀文鳳小姐是愚夫婦非常敬重的一位良師益友。這不單是因為她在事業上的傑出成就。我們最欽佩的還是她熱心公益、樂於助人的菩薩行誼。熟悉她的人都知道，她在工餘花上大量的時間和心力從事公益事業，包括無止橋慈善基金、香港兒童癌病基金、聯合國兒童基金等等。凡是她力之所及的公益事業，她都會義無反顧和全情投入去幫忙、去成就，但從來不會因此邀功或宣傳一番，永遠都是默默耕耘：「待到山花爛漫時，她在叢中笑。」香港一些朋友近年積極參與了敦煌藝術的保育工作，紀小姐正正就是主要的幕後推手之一，另一位是饒宗頤教授。她讓我們想起了莫高窟第三窟內那栩栩如生、美侖美奐的千手觀音壁畫。朋友們都說文鳳是千手觀音的化身，同一時間內能做許許多多的好事——慈善公益、利益大眾、造福香港的好事。眼前這冊書，反映了她對敦煌藝術保育的深情厚意，讀來令人感動莫名。世間如能夠多幾位像文鳳這樣的千手觀音，那該多好！

香港大學前副校長及香港大學專業進修學院前院長

李焯芬

敦煌文化的承傳

2011年，香港大學正在籌劃百周年校慶，以"知識"、"傳承"、"服務"為主題。

校友紀文鳳小姐是熱心人，創意澎湃，有用不完的精力，廣結善緣；事事為港大出謀獻計，對學生關懷備至，處處為他們的學習和發展着想。

敦煌洞窟蘊藏中國文化的精髓，在歷史、藝術及宗教均有極高的研究和觀賞價值。近年敦煌受到風沙侵蝕，保育工作刻不容緩，牽涉很多現代科技和知識。紀文鳳小姐提出以敦煌為題，讓學生進行考察和服務學習計劃，取名"敦煌文化及保育研習系列"，貫徹落實百周年校慶三個學習主題。

計劃以三場公開講座開始，一羣熱心敦煌歷史及保育工作的專家學者擔任講者，包括：何培斌教授、李美賢女士、張倩儀女士、吳健先生、王苗女士及水禾田先生。每場講座均座無虛設，聽眾們"滿載而歸"。

2011 年 10 月，30 位港大同學到敦煌實地考察 9 天，我也有幸參與其中。我們一行參觀很多難得一見的洞窟，出席多場由敦煌研究院老師主講的講座，也參與保育工作。期間同學到敦煌研究院首任院長常書鴻先生墳前憑弔，也到現任院長樊錦詩老師的故居參觀，回想先輩們為保育國家以至人類的珍貴文化遺產獻上一生青春，心中只有敬意和感激。

　　旅程完成後同學回港完成研習報告，與其他人分享學習成果和宣揚保育訊息。有同學之後立志到海外攻讀考古學，亦有同學返回敦煌研究院實習。敦煌之旅令每個參與者深入反省自己的人生方向，以至自己和國家、和歷史的關係。

敦煌情懷講座演講嘉賓：左起何培斌教授、李美賢女士、張倩儀女士、紀文鳳女士、中國銀行代表葉小姐和周偉立博士

　　同學和我十分感謝紀文鳳小姐和各位講者，沒有他們的帶領和支持，"敦煌文化及保育研習系列"是不會成事的。敦煌研究院的樊錦詩院長和各位老師給予學生寶貴的知識和學習機會，亦以身教啟發我們甚麼是委身和對學問的追求，令我們十分敬佩。我亦想向"中銀香港慈善基金"致以最深謝意，基金贊助敦煌系列所有經費，讓我們免除後顧之憂，專注學術工作。

香港浸會大學副校長（教與學）及香港大學前學生事務長暨通識教育總監

周偉立

目 錄

第一章　走近敦煌

第二章　思考敦煌

第一章

走近敦煌

一

解讀敦煌

一生守護

樊錦詩

　　我們的祖先，世世代代用一千年的時間，給我們留下了寶貴的莫高窟。這莫高窟，1700 米長的山崖上有 735 個洞。莫高窟的九層樓裏有武則天時代修造的 35.5 米的彌勒大佛彌勒像。它的背後都是沙山和沙子，前面是祁連山的支脈，屬不毛之地。石窟就開在鳴沙山的斷崖上。祁連山支脈三危山和鳴沙山之間有一條溪流，那位置的泉水，形成了小綠洲，名為月牙泉。這小綠洲背着峰，有樹有山，是一個風水寶地。莫高窟就是在這片寶地的附近。

　　公元 366 年一個和尚選擇了在這地方開了第一窟。就這樣，一開便是一千年了。後來因為沙漠絲綢之路的衰落，海上絲綢之路的發展，加上嘉峪關修了以後的封閉，莫高窟再沒開放。到了 1900 年發現藏經洞，再一次振動了世界。原來莫高窟是個佛教聖地。

敦煌與我

以下我想談談自己怎麼樣來到敦煌工作。

我跟敦煌的結緣是一種偶然，也是一種必然。我祖籍杭州，在北京出生，在上海念小學中學，家人都說杭州話，我能聽但不會說。我很小就到上海，在上海長大直到中學畢業，考到北京大學，念了五年考古學。畢業以後到敦煌工作至今，我的經歷就是這麼簡單。

中學的時候，便喜歡歷史，也喜歡藝術。我很喜歡去看博物館、美術館。其實我不會藝術，但就是喜歡看，去欣賞。偶然之下，看到一些敦煌的畫片，而中學的課文中剛巧也有提到敦煌莫高窟。作為一個學生看到敦煌這麼美，這麼好，感嘆我們國家有這樣的寶庫，心裏很嚮往，希望能多認識它。

考大學時我選了幾個專業，最後不知怎的選了考古學。學考古時有更多機會接觸莫高窟，看到很多資料以後便更喜歡了。曾經看到《人民文學》上有一篇報告文學的文章叫〈祈連山下〉，共上下兩篇，寫當地的長虹，我看了以後特別感動。看着看着，心裏便很嚮往，想到敦煌去看看。

初到敦煌

進入大學最後一個學年，要進行畢業功課。同學分組到不同地方考察和實習，有的到河南，有的到陝西，有的到山西，有一組要到敦煌。敦煌那組有很多同學報名，我也很想去看看。這是多好的機會，想去的原因並不是要努力學習，只是想借此機會去看看。誰知道這一看，我就看上它了，它可能也看上我了。那時我們也不太懂敦煌。儘管在學校已首先上課，但老師講的課跟實際看到的並不相同，老師講得很枯燥。那次看一個洞，很美，再看另一個洞，還很美。一天後回到房裏，甚麼印象都沒有了，只知道敦煌太美了。

一個星期後便要開始實習。那時候莫高窟還沒有加固，很多洞不能輕鬆去到，但還是要上呢，怎麼辦？他們就使用一把蜈蚣梯，之前我是從沒見過的！平常的梯子是兩邊支架中間橫杠的，它不是，它只是一枝粗樹杆，這邊插一枝木棒，那邊插一枝木棒，就像一隻蜈蚣。那兒的工作人員叫我們用那蜈蚣梯往上爬到洞內。當時我們都不敢爬，他們還勸說試一試，然後往下看看，看下方更可怕！

實習的時候，工作人員跟大家說，早晨不要喝水。喝了水，要爬來爬去，很麻煩。所以大家不敢喝水，乾着嘴巴，吃了東西就上洞，盡量少下洞。居住的敦煌的生活跟北京、上海等反差特別大。房子裏沒電燈，也沒自來水。每天只有兩頓飯，早晨十點和下午五點，沒早飯，我們很不習慣。食物就是麵粉饅頭或玉米發糕，吃了也很不習慣。很多人留一點炒菜的油，回家自己做飯。我們學生只能在食堂吃，食物很少鹽，沒甚麼味道，但稍微下多一點就變成苦的。當時的生活很不習慣。

而且敦煌很封閉，甚麼消息都不知道。報紙要看很多天以前的，也不能隨便進甚麼貨或到哪裏，因為幾十里方圓都沒有人，離敦煌城也有 25 公里。我們剛到達的第一個星期特別興奮，一星期後興奮感覺也過了。住在這麼封閉的地方，每天要爬到洞裏測量、考古、寫報告。然後住的房呢，最初我一個人住，後來他們不放心。當時有三個男同學和我一個女生去敦煌。他們不放心我獨自住在房間裏，把我調到跟一位女雕塑家同住。桌子是土的，凳子是土的，炕也是土的。書上都是土，撣一撣，待會又撣一撣，就是撣不完，最後就不撣了，反正到處都是土。

當時有一件事情令我很驚奇。常書鴻先生那時已經在莫高窟生活了 20 年。他是著名的油畫家、留法的高才生。在巴黎得過幾次獎。他回國後受命到現在中央美院，當時的北京藝專籌備建立敦煌藝術研究所。研究所成立的時候，他被任命為所長。我們去實習時，很早便知道他的故事，但看到他真人時，說話鄉音很重，穿的衣服都發白了，如果他不說話、不戴眼鏡，跟普通農民差不多。大家都說常先生就長這個樣子，實在不像一個教授呢！

因為當地的氣候，跟東邊差距太大，生活質素也太差，我不久便水土不服。後來只好趕緊收集實習資料便回去了。當時我沒想到，還會再回去。但是我並不認為那是個鬼地方，那些洞窟多好啊，只是生活太差，沒電沒水，吃飯也不順口，地方也很封閉，當時只想把任務完成，反正我也到敦煌一遊了。

再一次的緣份

畢業的時候，學校分配畢業生到不同地方工作，叫我們填志願。當時覺得國家培養我們，我們就應該為國家服務，所以我們也跟學校保證，一定會服從分配。

最後分配了我們實習時的其中兩位到莫高窟，那麼幸運，挑上我了。另外的一位同學在莫高窟也待了 15 年，後來回到北京成為北京大學教授。當時我就服從了，並寫信告知家人，父親馬上回信，着我把勸說信給學校，好分配到另一個地方。但我沒交給學校，就這樣去了敦煌，我覺得不能做些言而無信的事，而且，敦煌還是挺好的一個地方。

到了敦煌，確實非常艱苦。那個時期包括我，共有 48 人。每逢禮拜天，有一些人就回家了，我一人在房間裏，萬籟無聲，原來那曾是和尚的寺廟。我在敦煌的 20 年都住在那裏，晚上會聽見九層樓的鈴鐺聲，其他甚麼聲音也沒有。有一次，我的扣子掉了，衣服破了，自己拿來縫，縫衣針掉在地上，"騰"的一聲，那麼清楚的聲音，可見是多麼安靜。像這種情況，我就會想家，想到和家人團聚。可是這樣日子又過去了，曾經有離開莫高窟一陣子，進行社會主義教育領下鄉，到農村去辦活動，然後文化大革命來了。當時我已經在敦煌三年了，那時候已經不招大學生，也沒學生可分，老師也無法幫助你，我就那樣待着。時間久了，感情慢慢發生了變化。

工作與家庭的矛盾

我覺得自己有專業，好像甚麼也沒做便走，有點不甘心！當時正值文化大革命，即使離開也不能幹甚麼，又覺得應該保護敦煌，其實很多工作沒有做好，心情很矛盾。另外我有自己的家了，我跟丈夫在 1967 年結婚，1968 年便有了孩子。最後，孩子在敦煌出生。當時我趕緊發電報告訴丈夫，他帶着小孩的衣服、雞蛋等，挑了一擔，從河北到武漢，再到鄭州轉車到敦煌。那時候，小孩已經六七天大了。

56 天產假後我就上班了，丈夫已回武漢，小孩只能鎖在房子裏，沒人帶，我用繩子捆着他，他越長越大便捆不住要找人。其他人說他會動，那繩子可以會勒脖子，我聽了以後，天天心裏嘀咕。遠遠聽到哭聲心裏說，沒事！平安無事！有時候他不哭，我又說，安不安全？會不會出事？打開門縫一看，他衝着我笑。有時候他會從床上滾到地下。家人便說趕緊把孩子送到上海，直到一歲多，才送走了他。所以研究院的年輕人要找對象多在敦煌裏找，但也不好找。現在有些年輕人帶父母到莫高窟，請他們幫忙帶孩子。在莫高窟，很多人生了孩子直接送走，由父母幫忙照顧。

1972、73 年我有第二個孩子了，但一家人總不能老是這樣分居，可是心裏對莫高窟有感情，希望自己能多做點工作。一直就是這樣拉据，孩子都十歲了。當時武漢的學校叫我調回去工作，可是敦煌有種吸引力，把我吸引了。而敦煌的老前輩有時候勸我別走，說大城市有的是人才，大家都需要我，令我越來越矛盾。

當時跟丈夫討論，總得選擇是他離開武漢，還是我離開敦煌。我理解他還是支持我的，知道我捨不得離開敦煌。最後 1986 年他便到了敦煌。敦煌的魅力很大，我們都想為它作出貢獻。前輩都幹了多少年，再加上丈夫的支持，我就留下了。敦煌也把我的丈夫吸引過來。原本他是研究商周考古的，我們是研究佛教考古的。佛教考古屬魏晉南北朝，離商周很遠。最初擔心影響他的專業研究，後來發現北區還沒有人研究，便由他開始做起。洞窟裏的密教研究也是他進行的。

金光乍現莫高窟

說來到底怎麼會有莫高窟？有一位和尚叫樂真，從長安走到莫高窟前，往三危山一看，金光萬道，狀似千佛，他認為這是一個佛地，便在站立的位置開鑿第一個洞，然後公元 366 年又來了另一位和尚樂僔，之後馬上又來了第三個和尚法良再開鑿洞窟。後來一些世家大族、官僚貴族、僧侶商人、軍人都來開窟了。從 4 世紀，到元代 14 世紀共 1000 年，在 1700 米長的地方留下了 735 個窟。記得 1995、96 年的一個夏日，下暴雨，洪水漲，假如不防洪，水溢上會把洞子淹掉。當時員工都已經下班了，他們都回到城裏，我則住在莫高窟，便帶着員工疊沙包，低着頭疊着疊着，抬頭一看，黃金色的，金燦燦的，整個天空全是金色的。一陣子還有兩道相交的長虹。我們心裏想，這可能是老佛爺顯靈了。那些金光真漂亮，光一退，天空便湛藍湛藍的。

敦煌研究院的開拓者

接着想跟大家說說常書鴻先生。前文提到他是著名的留法油畫家。他的油畫在巴黎得過獎，他學院派的畫風，把形象把握得特別準，顏色也特別好。比如他畫一串葡萄，旁邊有個剛切開的白蘭瓜。畫中讓人感覺到那深綠淺綠的瓜好像在冒水，那葡萄好像剛摘下來似的。1913 年他授國民政府之命到莫高窟籌建敦煌研究所。他的夫人跟他是同在巴黎留學的同學，她學雕塑，他學油畫，有一子一女，本來在重慶有很好的生活。夫人不同意他到敦煌，常先生便先去看看，他當時看到的莫高窟幾乎像廢墟一樣，幾百年沒人管了，門塌了，樓梯也塌掉了，沙子都堵進洞裏了，一片荒涼，但這沒有把他嚇退，反而令他更堅定要完成這工作。他破釜沉舟，帶着家人去敦煌，連重慶的房子也退掉。常先生的女兒常莎娜說，第一頓飯，就摘下戈壁上的紅柳拌麵來吃。

1943、44 年是抗戰期間，常先生以前畫室的工作人員和學生如董希文，都到敦煌了，因那兒不會打仗，藝術家非常願意在比較安定的地方畫畫，便開始臨摹工

作。可惜常夫人在敦煌的第二年便受不了，跑了，留下兒女給常先生。他們沒法上學，常先生就教他們畫畫。抗戰勝利，國民黨政府下令撤銷敦煌藝術研究所，其他畫家正好趁機會回家，但常先生說不能撤，他覺得才剛開始，還有很多保護工作。但那時他仍然離開了敦煌，第二年才回去。原來他跑到重慶、南京說服政府，說研究所絕對不能撤，最後政府被他說服，研究所就這樣保留下來，所以我經常說，常先生確實了不得。

　　這麼的艱苦條件，他是個南方人，一口鄉音，在敦煌住那麼長時間，別人都聽不懂他的話，他說：「你怎麼不『娃娃』？」原來他問怎麼不畫畫。但他仍然堅持，如果沒有他，研究所便解散了。常先生的研究所是從外招大學生的，研究院為甚麼能留到今天，因為一直有人才，他懂得專業的重要性。

　　常先生到敦煌時非常糟糕，洞子裏都是沙，沙子怎麼清出來？他們用水沖，但卻不能沖到壁畫。有時大雨，水就進到洞裏。窗壞了，門壞了，窟岩壞了，棧道壞了，沙子不斷進，水也進，有些壁畫被風吹沙打磨壞了。常先生面對這樣一個殘局，只能先做清沙。而且1917年十月革命時，白俄羅斯人逃到莫高窟。他們一批跑到東北，一批跑到西北，西北那批人跑到新疆，他們都有馬有重武器。最後新疆政府跟他們說，願意繳械便替他們安置住處，結果安置在莫高窟。可是常先生都要住在和尚的破廟裏，他們沒地方，只好住在洞裏。他們在洞裏亂寫，寫笑話、髒話，還在洞裏置炕和灶，燒炕做飯，把部分的洞壁燻黑。

常先生到莫高窟後的工作便是，把沙子清出，把炕拆掉，跟鄉親們募捐，修築一道長長的圍牆，保護莫高窟。土匪進不來，家禽等也不會到處亂跑。有一些特別好的洞，常先生便修一些門，保護那些洞。當我首次去敦煌，是在加固之前，情況已不佳，常先生去的時候，更是一片破敗。最初我想像這個研究所一定很高級，估計常先生、段先生都是西裝革履，處處窗明几淨。實際上哪有玻璃窗，窗都是紙糊的，他們都穿得很土。感覺怎麼還不如上海郊區村鎮的境況。到處是不毛之地，荒涼一片。當然現在有感情了，看的也不同，大城市太擁擠，敦煌多開闊。

1949 年新中國建立，我們的藝術研究所改稱文物研究所，繼續由常先生當所長。常先生另外還很了不起的是，他是個藝術家，一方面讓搞藝術的人去臨摹壁畫，同時叫人調查研究複雜的洞窟，又設立功德組主力募捐修洞。我們現在的資料實際上是由常先生開始做的，他一直想方法保護敦煌，後來跟政府反映，莫高窟的價值及當中的困難。中央政府就派北京大學、清華大學的學者、學生到來調查研究。

洞窟加固、治沙、修壁畫

當時的首要任務是替洞窟加固。常先生到北京去呼籲，最後 1962 年周恩來總理很支持，批准撥資金加固，共一百多萬。如今加固工程的效果很好，可以抵擋七級地震。常先生還治沙，弄圍牆擋沙，還請了治沙專家、沙漠專家，在山頂上造沙帳，想在山頂上擋沙。當時設想的治沙辦法並不全都成功，但是為我們現在治沙積累了很多經驗。然後常先生又去抓修壁畫。北京的修壁畫專家說洞窟的門一開，風吹到洞裏，有些壁畫便被風吹掉了。當時常先生很着急，向北京反映後，請了一位捷克專家到來。可是他沒逗留多久便走了，捷克專家要喝牛奶，要每天洗澡，要吃麵包。敦煌土得很，哪有這麼豐富的物資，捷克專家要求的根本辦不到，他便走了。他留了一個解決辦法給我們，使用針管把高分子液體打到有病的壁畫，翹起來的地方便能壓下去。

所以我們現在治沙、修壁畫、加固，冒着嚴寒到山頂上的氣象站去看溫度濕度，都是從常先生的時候開始的，他很有眼光，知道首先要保護敦煌，才能做其他工作。

後來除了以上的工作，常先生還着大家去考古、學歷史、學文學、學建築。1966 年，是莫高窟開窟的 1600 週年紀念，常先生跟我們說要開國際學術會議，要每人準備一篇論文，寫好宣讀給大家聽，不夠好的要修改。可惜文化大革命時，事情擱下了，但大家的論文不會白費，後來中國文物出版社跟日本平川社出版的第一批書，共五卷，便按時代劃分出版了我們的論文。那是研究院非常有份量的、改革開放後的第一批學術著作。那些都是常先生時代的積累。常先生是個藝術家，不能要求他甚麼，但是他做了很多工夫，環境監測、治沙、修壁畫，野體加固。他還培養人才，他故意招不同專業的大學生到敦煌，擔當不同的工作。

文革前，研究所的隊伍大概有 48 人，約百分之七十多都是大學生，他們來自不同的專業，來自祖國各地。大家都是抱着為了莫高窟的精神，要研究它，保護它，也有很多人是為了畫畫。他們一輩子默默無聞，為莫高窟獻身。常先生在 1994 年，90 歲的時候去世。去世前，他年事已高，便由段文傑接替他當院長，自己任名譽院長。而段先生在 2011 年去世，終年 95 歲。有機會大家可以去看，在莫高窟對面有常先生和段先生的墓，他們一生都在莫高窟。

培養專才

談到段先生上任後，他繼續進行保護工作，同時下工夫培養人才，如今的講解員、學外語都是從段先生時候開始的。他願意把年輕人送到大學培養。大城市有的是人才，莫高窟這樣博大精深，又是佛教又是藝術又是人文學科，非常需要人才，可是很難留住他們，所以我們最後的辦法是自己培養。所以段先生的時候開始就是，大學生到敦煌後，可以再念研究生，直到念博士。培養講解員後可以送到大學學外語，再讓他們在工作中練習。我們還跟日本建立聯繫，送到日本研習，出國培養。段先生就是在常先生培養人才的基礎上更進一步。

就是不斷在培養人才，有意造人才才有今天的敦煌人。事情能不能做好，關鍵在人，沒有人甚麼也做不上。另外段先生也創辦了《敦煌研究》雜誌，他鼓勵大家發表文章，進行研究。當時改革剛開放，百廢待興，但敦煌研究院奇怪了，怎麼莫高窟短時間內有這麼多成果？因為段先生把在常先生時代積累的研究、文章等都發表出來。逐漸一批批人才到來，成果也不斷結成。

臨摹就是研究

段先生自己也很苦，他是包辦婚姻，夫人是個小腳，他是個大學生。可是他不愛妻子，一夜夫妻後他就走了，後來更有了孩子，直到11、12年後才一起生活。他在國立藝專學國畫畢業，曾經跟很多有名的老師、教授學習。他在敦煌臨摹了很多壁畫，數他最多，技巧出神入化。

臨摹壁畫

其中有幅壁畫是都督夫人，胖胖的一個女人，真跡已經看不清了。段先生花了很大工夫把它復原。他說要跟那些古代畫家對話，本來怎麼畫的，便要臨摹得維妙維肖。所以他後來說臨摹就是研究。當時我不理解，不就是臨摹，照貓畫虎。其實不然，段先生會翻很多畫史的材料，反反覆覆看，看了以後臨摹，知道這線怎麼畫下來。這種畫法是吳道子的，那種畫法是閻立本的。臨摹實際上就是研究。現在留下的兩千多件臨本，有十幾個洞是一比一原大地複製洞內壁畫的，其中百分之八、九十的臨本，是段先生跟段先生那一代人，在沒有電的艱苦條件下，用鏡子反過來畫的。想想當時的條件那麼困難，他們能一比一地複製 285 洞窟，是相當不容易的。今天很多人看了還是建議我們，把這個複製洞拿去展覽，它是畫得最好的。我想這一定是古代的優秀作品，他們才挑選作為臨摹的對象。他們那種一心追求藝術的心思，是用心與血畫下來的。他們一生寂寂無名，就是把這些藝術再現。他們的靈魂，跟敦煌已融合在一起。血脈裏流的血，就是敦煌，他們離不開敦煌，敦煌當然也離不開他們。我們應該按照他們，繼承他們好的做法，也希望往後能延伸，因為敦煌太偉大了，祖先一千年留下來的，全世界都沒有這樣的寶貝，我們應該全心全意去做。

莫高窟第 285 窟

前人的步伐，後人的延續

常先生和段先生給我們做了榜樣，他們不管多麼艱難困苦，還在堅持，還在奉獻，還在進取。如今我們實際在做的，不過是踏着他們的步子往前走。敦煌的人因為普遍離城有 50 華里，很多城市社會裏的事我們都未必知道，我像個老天真。大家就是很願意把莫高窟保護下來，甚麼工資高低也管不了，反正我們有飯吃，當然必須要把保護工作做好。這是莫高窟養成的一種傳統。如今我們派研究院中的年輕人到其他地方幫忙修復，如新疆、西藏、青海、寧夏、河南、內蒙，他們做事都比較扎實、踏實，令人比較放心。這些都是常先生和段先生創造的傳統。當然大家還是會面對找對象、生孩子、醫療健康等問題，但是我們很多年輕人，只要他們結婚了，你好好善待他們，他們還是願意留下來的。

談談研究院內的組成人員吧，我下面有 18 個部門。我剛到敦煌時有 48 人，如今有 600 多人，為甚麼要那麼多人？想想我們的講解員隊伍有 120 多人，夏天或國慶時，一天便有一萬人到莫高窟來！好講解員是怎樣產生的？我們會把他們送外至少三年學外語，還要教他們打扮，要有精神、有風度才好。我們還有一支保護隊伍，從修復、監測、環境氣象、取樣分析、試驗到研究我們都要進行，因為如今要進行全國的國家工程，敦煌信息保護中心，所以那隊伍便有 100 人。然後要有保安保護安全，曾經有人偷壁畫，偷一線文物，所以保安隊伍也有百多人。因為我管三座石窟，而莫高窟以西有新項目，約有 20 個洞。莫高窟東面的榆林窟，有 41、42 個洞，我們都要派保安駐守，不能出事的。另外還有後勤跟園林工作的人員。在正式編制裏，其實沒有一個清潔工，但莫高窟對外開放，總不能天天垃圾成堆吧。其實我們進行研究工作和管理洞窟的人員還不到 200 人。但是不能沒有後勤、園林、保安的人員和講解員，不能光在那兒研究的，我們等於是一個保護、研究、弘揚的一個綜合機構。現在因為開放給公眾遊覽的地區越來越大，保護任務越來越重，所以我們的隊伍也在慢慢膨脹。現在的任務很重，要保護自己，更要保護全國的壁畫。我們現在的壁畫都在乾燥地區，但如今國家讓我們保護南方潮濕地區的壁畫，這給我們出了一個大大的難題，但是我們還得去嘗試。

二

敦煌情懷

敦煌之美與敦煌人的貢獻

李美賢

　　我和敦煌的關係是在迷迷糊糊的情況下開始的。記得第一、二次到敦煌並沒有留下甚麼印象，只記得一些佛經故事和漂亮的飛天。2001 年，跟同學一同前往的時候，便有機會看較多洞窟和可以逗留較長時間欣賞，那算是一次入門的認識。其後在不明所以下，受邀請去做相關的演講，朋友覺得我已去了敦煌三次，懂多少便說多少，沒法推卻下，唯有硬着頭皮去準備。其後有些人邀請我一同前往敦煌，接着又做了一些講座。在非常被動的情況下，我認真地看資料，在入洞窟前多做功課，慢慢開始對敦煌有所了解。那時，我明白為何最初對敦煌沒甚麼印象，原來因為我沒有做好功課。後來，我便慢慢迷上了敦煌，想是有幾方面的原因，第一是其藝術之美，那是一種對美的感受。另一方面，我希望可以從壁畫中看到古人的生活，因為現在很多唐朝及以前的畫已經不知所終了，但在敦煌壁畫上，這方面卻十分豐富。第三方面是敦煌人的精神感動了我。以下我將會圍繞這三方面來解說。

多姿多采的藝術美感

　　首先講述的是敦煌藝術之美。第一、二次到敦煌時印象比較深刻的是，盛唐第172窟的西方淨土變之觀無量壽經變圖。我清晰記得那些建築羣十分宏偉。藻井亦令我印象深刻，好像第407窟的三兔藻井，三隻兔子在蓮花上互相追逐，牠們是共用三隻耳朵的，我覺得這設計十分新穎。第427窟的藻井位置十分高，需使用望遠鏡欣賞。以電腦復原後可以清晰看見大的捲草紋，菩薩一個向上，一個向下。如果把牠放大了，可以看見是胡跪在蓮花上，彈奏曲項琵琶，其用色和線條都十分大膽奔放。中唐第159窟佛龕龕眉上的花紋中，可以看到花朵或向上或斜側，好像只以七分面示人，另外還被幾塊葉輕輕遮蔽了。花朵的角度多樣，是盛放的花。比較之下，我發現明清時代的作品十分拘緊和對稱，但這個佛龕上的花紋卻很靈活，沒有重複的圖案，極富藝術感，用色還非常優雅。

三兔蓮花紋藻井（莫407窟）

右脅侍菩薩（莫194窟）

在敦煌可以看到很多文化交融，例如盛唐23窟的日月冠其實是薩珊波斯的，上面的飄帶也是薩珊波斯皇家的飾物。這菩薩其實是唐代佛教藝術走向世俗化的一個作品。佛教藝術走向世俗化是指神化的特徵減少，更像一個俗世人。盛唐時期194窟的菩薩像是十分美的，觀賞的時候可以把角度移一下就會更美，好像唐代的貴婦一樣。我們可以看到祂頭上的髮型，一片片的，其實就是大戲的片子，她的衣服也是盛唐時的民飾。記得一位研究員施萍婷老師告訴我，她曾經帶一位革命的老幹部去看那菩薩像，老幹部一直看着不肯離開，還說："真是不好意思，請你不要見笑。如果不是因為要遵守文物保護政策，我一定會輕輕拉着祂的手，跟祂傾訴心事。"從這雕塑可以看到"任是無情也動人"，最高的藝術境界就是可以感動別人的。

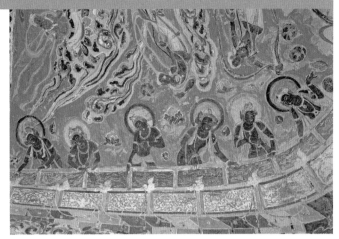

菩薩憑欄（莫 321 窟）

　　另一個我很喜歡的是 321 窟，那菩薩上的樹是超現實的，顏色並不寫實。祂站立的姿勢十分優雅，即使只站在一旁，卻別具動感。祂的天衣美得讓我每次去看都捨不得離開，那件透明的外衣甚具動感，不太工整，有一邊還是露肩的，邊飾的顏色跟周遭環境十分配合，與以上的藻井也是一致的，相當和諧。難怪張大千先生在臨摹這些菩薩時說："明知那是壁畫，但都使我怦然心動。"另外，著名的向達先生，看到那些唐代的菩薩都說："我明知祂是菩薩，但我都甘拜石榴裙下。"

　　初唐 321 窟的佛龕上是蔚藍的天空，那其實是一個天宮，有兩重的欄杆，有龍鳳雕塑和不同的花紋。白色的小鳥嘴裏叼着一些珠鏈，珠鏈上掛着很多寶珠。從畫面可見天宮上的華麗，而天宮上的菩薩倚着欄杆，想往下看看人世間的喜怒哀樂。祂們的姿勢不一，十分優美，菩薩上有唐代的飛天，祂們的方向也不一，有往上的，也有往下的。

創意轉化

　　東千佛洞中心柱兩側的壁畫也很有趣，觀世音菩薩輕輕倚在樹旁，拉着樹葉，左手有一個淨瓶，瓶中有水。有個在騎膊馬的小朋友用口接淨水。旁邊還有一個坐着的瞎子在伸手，希望有一些聖水可以滴到他的手上。看看那觀世音菩薩，實在沒法子想到一個菩薩會穿短袖恤衣和迷你裙的。我認為這應該受了印度影響。雖然我們常說中國人沒創意，但我覺得並不，我在敦煌壁畫中看到很多創意。而且，佛教藝術在不同的時代、不同的地點、不同的民族都會有不同的變化。

時空交錯的服飾展

　　敦煌飛天的美十分聞名，我十分喜歡隋代的作品，因為隋代和西域有很多交往，作品中可以看到很多民族的文化交融。你可以看到隋代飛天的動感，有種滿場風動的感覺。在壁畫上，我們看到很多服飾，感覺好像身處交錯的時空裏，例如在 1500 年前居然有中空裝（北魏 254 及 257 窟的網狀中空裝），不知道是否受新疆或中亞的影響，這還有待研究。在 61 窟，可以看到回紇的、其他少數民族的以及漢族的服飾。那些珠寶感覺跟現代的沒甚麼分別，說到化妝，現在的歌星和明星還不及壁畫中的人物大膽。看看晚唐第 9 窟外道的女壁畫，外道女穿着白色短袖恤衣、迷你裙，裙下有花圖案緊身褲和平底鞋。你看，跟現在的裝扮有沒有分別？

$\dfrac{1}{2}$

1. 尸毗王本生全圖（莫254窟）

2. 于闐公主禮服（莫61窟）

壁畫中的民間生活

在民風民俗方面，我們可以從壁畫中尋到很多生活片段和故事。

我們常常聽到的"陽關折柳"、"長亭折柳"，但在畫中好像從未見過。"折柳"在唐代是最為盛行的，但為甚麼要折柳呢？很幸運地，我們可以從盛唐的 217 窟看到折柳的場景。但為甚麼要折柳來送別呢？ 因為柳樹隨風擺動時，好像跟別人揮手道別那樣。另外，"柳"是"留"的諧音字，所以，亦有想留下朋友的意思。但最大的原因是，當你折柳的時候，柳枝離開了柳樹的本體，象徵那人已經離開他的家鄉，而柳的生命力很強，無論插在哪裏都可以落地生根，發芽長大。這是對離鄉友人的祝福，希望友人無論去到哪裏都可以繁華昌盛。

婚俗禮儀

在晚唐第 12 窟的彌勒下生經中，我們可以看到婚禮的情況，例如原來以前女性的地位十分高，行婚禮時男的要跪，但女的卻不用，這應該是受游牧民族影響。

以前的人不叫"洞房"，而且不會在家中進行的，而是在外用樹枝搭帳幕，稱為青盧（晚唐 360 窟），夫婦的首晚就在那裏度過。夫婦會舉行結髮禮，把男女雙方的頭髮，弄成一個同心結，然後收藏起來，這是第一次結婚的禮儀，所以我們常說永結同心、結髮夫妻就是從這裏來的。另外合巹交杯，巹是乾葫蘆瓜的一半，當你找回文獻記載，可以看到其外貌是十分對稱的。通常，新娘需要跨過一個秤和馬鞍，兩個字取其一邊旁，即是平安的意思。我們又可以看到原來新娘的腳是不可以接觸地面的，現在西南的少數民族依然有此習俗。奠雁是重要的聘禮，所謂三書六禮，六禮中的五禮都要和雁一起送去的，因為雁十分守信，春去秋來，而牠們飛得十分整齊。這是希望新婚的夫婦可以誠守他們的承諾，亦希望他們的家庭將來長幼有序，會是一個和諧的家庭。另外，他們搭了一個帳篷，讓客人們在篷下飲喜酒。如果你把壁畫和文獻結合來看，整件事就會更有趣了。

相信很多人都看過被斯坦因拿回英國的放妻書，它不是稱為休妻書，而是稱為"放妻"，當中寫道："前世三年結緣，始配今生夫婦，若結緣不合，比是宿世冤家，故來相對，妻則一言十口，夫則反目生嫌。似貓鼠相憎，如狼豺一處。既以二心不同，難歸一意，快會及諸親。各還本道。願妻娘子相離之後，重梳蟬鬢，美掃娥媚，巧逞窈窕之姿，選娉高官之主，解怨釋結，更莫相憎。一別兩寬，各生歡喜。"所以說唐人的胸襟是很寬宏的。

禮佛求子

洞窟的作用是讓出家人修行、做功德、禮佛，還有是讓信徒祈求福氣的。我曾在 138窟甬道看到一些題記："光緒十一年七月初七日，弟子劉某某前來還願"，因為他覺得很靈驗，"應男，男童叫千佛保，希望他長命百歲，萬事亨通"，之後更有他的資料，他是光緒十年四月初六日在這求子的。另外有一個是"十一年四月初旬天賜男孩一名，乳名叫千佛保，大吉大利"。這裏還有一個："光緒三十年四月上旬，弟子任某某求子。火緒三十一年正月初十得子"，前後不到一年就有小孩了。從這些題記可以看到洞窟一直起了此作用。在晚唐 138 窟，我還看到一個像是送子娘娘的塑像，還不能確定。祂手裏抱有一個男嬰，身上掛着一串紅棗，因為要早生貴子，而"棗"和"早"是諧音字。另外有一鈕扣掛在他的頭上，扣着他的魂魄以保平安。

我曾經五月到敦煌探訪，那天剛好佛誕，當天票價由 160 元減至 5 元，讓附近鄉村縣城的人來禮佛。可以看到此窟求子很靈光呢！另外，聽說 96 窟的九層樓大佛求子也很靈光。當時看到的場面很有趣，很多人在拜佛，他們可以在大佛旁轉佛，有人在唱戲，更多人手抱嬰兒，携男帶女，人山人海，好像在舉辦廟會，很高興這一千年來四月初八的傳統可以一直維持下去。

破壞與損害

敦煌的壁畫很美，但同時卻令人很傷感，因為很多人來傷害破壞它們。例如盛唐第130 窟的都督夫人禮佛圖中，上層的畫被人剝落了。段文傑先生用了兩年時間，熟讀廿四史的《輿服志》，做了二千多張咭片來臨摹這幅畫，那時是 1955 年，他 38 歲，現在這幅原畫已經沒有了。

都督夫人與女眷盛裝（莫 130 窟）

第 55 窟的甬洞裏，有上下兩層壁畫，當中有一些詞和題記。有些人想臨摹下層的壁畫，他們便破壞上層的壁畫，幸好下層的畫是宋初的，而不是唐代的，否則可能上層的壁畫會被人剝下了。可是，破壞還是十分嚴重。

美國探險家華爾納曾經黏走很多壁畫，這行為是不正確的。當他看到壁畫時，都說壁畫的美太非凡，自己不能用理智來批判來研究。他說自己雖不是佛教徒，但感覺已經歷佛教洗禮了。由此看來，壁畫的美是十分震撼的。

晚唐的 138 窟，因為 20 世紀有很多白俄人在此居住生火，有部分壁畫被燻黑了。畫中供養人像的裙十分漂亮，很少看到這款式的禮服。因為進寺廟拜佛需有正式穿戴，好像我們去教堂一樣，所以可以看到很華麗的服飾，可惜被燻黑了。

敦煌的人文精神

壁畫是一個很脆弱的個體,一百年前的壁畫,由於受到風沙和大自然的破壞,都無法保留了。好像 121 窟裏的壁畫,大佛旁邊的侍從在一百年前可以清楚看見的,現在卻已經不能了。一路以來,一代一代的人為它們付上了一生。現在我們來看看,他們走過的歲月。

第一位是常書鴻先生。當年他來到敦煌之後,經歷千辛萬苦,他的第一任太太都離開了他。當他到千佛洞的時候,感到生命好像和洞裏的一切融合在一起。後來,無論他有多少困難,怎樣的艱困,他都說要和敦煌相伴一輩子。

第二任敦煌研究院院長是段文傑先生。他看了張大千在重慶的展覽,千辛萬苦慕名來到敦煌。他是一個國畫功底很強的藝術家。他說當他走入洞窟,彷彿置身極樂世界,如一頭餓牛看見菜園子一樣,精神上飽餐一頓。當時日本人笑我們"敦煌在中國,研究在外國",於是他其中一個貢獻就是在任內,在日本人資助下派了很多學生到外國學習,參加很多國際研討會,出版很多刊物,工作人員也在外國進行考察,所以現在敦煌學的研究已達到世界級的水平。另外,因為他是國畫家,他的要求很高,希望每一個臨摹壁畫的人,要遵守三個要點:第一,要忠於古人的原著,這樣才對得起古人,亦對得起讀者;第二是臨摹壁畫需講求神韻;第三,臨摹者的技術不能低於古人。所以,後來一代一代臨摹壁畫的人的畫作水平都非常高。

第三位是樊錦詩院長。她和先生彭金章老師都在北京大學考古系畢業的。後來愛上了"它","它"便是敦煌,一愛便愛上了48年,不離不棄。她的先生一直很支持她,他倆一人在武漢,一人在敦煌,分開了很久。她常說這麼好的丈夫,打着燈籠也找不到了。她的兩位孩子都在敦煌出生,因為找不到保母,所以送到河北農村丈夫的姐姐家。但是作為一位母親,怎會不思念她的孩子呢?有一次,她不顧一切,買了火車票直奔姐姐家。當時她見到一個黑乎乎的小孩子走了出來,她便問姐姐:"我的兒子在哪?"姐姐說:"剛走出來的便是你的兒子了。"其實當時她已經五年沒見兒子了,她都感觸流淚。小朋友的教育亦受到影響,她說:"有愧於家庭,有愧於孩子,也怠慢了自己,但無愧於敦煌。"她在敦煌日常使用的是土床、土沙發、土椅子,還說家具不錯,很耐用,不容易壞。現在的敦煌項目越做越多,其實她是十分辛苦的。每次看到她,精神都不太好,覺得她真的需要休息。三位院長都把敦煌寶庫放在心中很重要的位置,他們說:"要是壞了,我便是罪人。"樊院長希望敦煌可以有高質素的人去保護,去管理,而且他要很乾淨的,不應貪財。

敦煌中的艱苦歲月

　　當時的敦煌是千瘡百孔的，因為它位於地震帶，古時便曾因地震，造成部分石窟崩塌，所以洞窟加固工作是十分重要的，現在的洞窟都可防高達七級的地震。以前很多石窟是埋在沙裏的，因為石窟上是直通新疆的大沙漠。為防止沙漠中的沙掉下，他們起了一個擋沙牆，但很容易便滿了。他們另外使用了一個土方法，把帆布做成袋子裝沙，但布袋在沙的磨擦下很容易穿洞，只好不斷把沙推下，分成一個個小沙堆，再用騾車運出石窟。當時已經沒有棧道了，要上較高的洞窟時，要靠蜈蚣梯，相當艱險。有時他們進行考古研究，或在加固前要作記錄，便從上懸繩向下，就像蜘蛛俠一樣，這是十分危險的。常書鴻先生曾經有一次爬不回去，要人拯救。另外，他們的糧食是自給自足的，要自行耕田和割麥。在敦煌，他們喝的是苦水，是鹹水，所以很多人去了那裏都不適應。只有在冬天的時候鑿冰，才能喝到一些甜水，而我們平日喝的是淡水。

　　張大千先生以前臨摹壁畫的時候是用一些透明的紙，或是泡過油的紙，這樣臨摹畫便可以是原大。但常書鴻先生和段文傑先生絕對不容許用此方法，因為會損害原壁畫，所以早期畫師都以寫生來臨摹，比較小幅。後來有了幻燈機後，便可以畫原大的壁畫，然後再上色。畫師他們會在土墩上加椅子，然後再疊上另一張椅子往高處畫，好像在玩雜技。他們的工作環境十分艱苦，完全沒有電，只有攝影時才有電，固定的電源和電燈要直到 80 年代才有。常書鴻第二任太太李承仙曾說當她在懷孕，常書鴻不讓她進入洞窟，怕她會碰到壁畫。

李其瓊老師是臨摹壁畫的專家。她一輩子都留在敦煌臨摹，從年輕一直到中晚年。我很喜歡她的作品。她先生孫儒僩是讀建築和繪畫的，特別鍾愛油畫。早期洞窟的岩體加固全都是孫先生做的，他辭別了母親到敦煌工作，沒想到會留那麼久。他曾經也想回家，但是媽媽寄路費時，卻把地址寫錯了。雖然沒有回家，但他從不後悔，因為他很開心，在敦煌的貢獻很大。即使他退休了，也一直為敦煌作出貢獻，一直在寫關於敦煌的書。

李其瓊老師當初也沒想到要留在敦煌，但進入洞窟後，十分驚訝，自覺越陷越深，無法離開。她的臨摹工作不只是把壁畫留下來這麼簡單，還要解讀它。有時候，他們為了盡快完成臨摹和解讀工作，連午飯也不吃，帶上乾糧充飢就一直工作。白天他們把壁畫的輪廓畫下來，晚上就回資料中心看佛經。他們每天晚上都看佛經，要看得很熟，因為很多壁畫都沒有題記，不知道屬於哪一篇經文，所以他們的時間不多，要爭分奪秒。洞窟都是向東開的，白天就會有光線，但太陽西下了，怎麼辦？老師說可以向老天爺借光，用一塊鏡把光折射過來，整個洞窟便會很亮了。李老師雖年過八十，但仍然在創作。

關友惠老師也是臨摹壁畫的高手，現居蘭州，因為手抖，不能再作畫。關友惠老師很喜歡入洞窟，進去後便煩惱全消，不捨得出來。他說臨摹壁畫最困難的部分是畫線條，因為線條不可以改，而且要一氣呵成，要氣韻生動，不可以僵硬，因為線條裏包含了藝術質素和氣質，就像樂章中的一個音符，你彈一個音，唱一個音時，那個音是具生命的，具氣質的。他認為臨摹壁畫時要有耐性，要有好脾氣。如果突然有隻蚊子落在手上，不能急躁生氣，否則，畫那條線就會破壞整幅作品。雖然那時的環境十分艱苦，但他一點也不覺得痛苦，因為大家好像一家人一樣。

他剛到敦煌正是擇偶時期，他的太太是一位農村姑娘，後來生了兩個女兒，其中一個是很出名的關晉芳，她是一位講解員。他說小孩出生時同事會幫忙接生，甚至自己接生。就算在文革期間，不同的黨派在互相爭鬥，但大家都有共同目標，就是去保護石窟。所以，當年北京大學生、紅衛兵和蘭州的紅衛兵來到的時候，在他們的遊說下，都沒有破壞洞窟，還說要他們好好保護洞窟！所以他認為"敦煌是我家，我家是敦煌。"他說百年之後，也要葬在敦煌。他還十分重視工人，說到莫高窟外的一片樹林，都是由敦煌的工人種植的。其中一位姓吳的說："你知道嗎？日間的蒸發量很強，灌溉樹木要在晚上進行。晚上灌溉到哪裏，便在那睡覺。"另外有一次，他和一些畫家到榆林石窟臨摹壁畫，當時，只有麵條和一些叫灰條的野草，那些平常用來餵豬，十分苦澀。有個工人鞏金煮飯後自己不吃，就是想讓給其他人吃，他是個炊事員和保安。晚上會提着一枝槍巡視石窟，一個個石窟地走，後來因為眼疾才退下來。

我很希望可以訪問在敦煌工作的基層人士。其中接觸了 87 歲的范華，他跟隨常書鴻先生幾十年了，當我到他家作訪問時，有人曾勸說：“不要期望他會跟你說些甚麼。”因為當時國內正籌辦拍攝常書鴻傳，拍攝組等了他三小時，他甚麼也沒說。“這次你跟他們談話，都不會有甚麼收穫的。”但我十分幸運，跟他們很投緣。范華常常提起，被常書鴻先生的精神感動。他當年為了逃兵役才去敦煌，比常書鴻先生晚一年去到。當時他太太走了，在抗戰勝利前夕很多工人沒有薪水回鄉，每個人都捨不得離開，卻又要離開。

　　那時莫高窟只剩下常書鴻，14 歲的常沙娜和 4 歲的兒子。於是范華便幫常書鴻照顧兒子。後來國民政府要撤銷敦煌藝術研究院，常書鴻先生十分難過，於是他籌旅費到重慶，呼籲恢復研究所。“你知道嗎？因為沒有旅費，常書鴻先生把他的西裝、衫和被褥都典賣了。”常書鴻先生常說 17 窟的寶已經沒有了，這個千佛洞一定要好好保護它。臨走時，常書鴻先生站在馬旁，洞窟裏只剩下兩人，一個竇占彪，一個是他，常先生流下淚來，吩咐他們一定要好好保護洞窟。那是他第一次看見常先生哭。范華退休後，不願意離開千佛洞，留下來廿多年，天天巡視洞窟。

施萍婷老師覺得在敦煌工作一點也不辛苦，有些人身在福中不知福，也有人身在苦中不知苦。她說敦煌是一個很值得為之獻身的地方，關友惠老師請她上書樊院長，希望她們百年之後能葬於此。樊院長說："好呀，你們就回來吧。"但她說這是一個文物單位，不是墳場，不可以太多人去，所以只有文革以前在這裏工作的才可以去。由此可見，很多人都希望在離世後，能回到莫高窟的懷抱內。

培育敦煌人

敦煌的精神培育了很多人。現在很多文物單位都有用公費保送的碩士博士生，當中數量最多的是敦煌研究院，例如趙聲良老師曾獲敦煌保送到日本研究兩年，他自費留下繼續完成博士。回到中國後很多人聘請他，他卻回到敦煌作研究，為敦煌努力。吳健老師在18歲高中畢業便到敦煌，後來敦煌供他上大學，在兩所美院取得學位，他的作品都很美。其中一位八十後的，中學畢業後就到敦煌。他覺得敦煌是一個神秘的地方，想到來做講解員。後來研究院送他到北京電影學院讀書，取得學位回來後，進行敦煌數碼化的工程。他現在可以帶攝影員了。他很感謝敦煌，如果沒有敦煌，就沒有他。他說數碼化的工作其實很辛苦，洞裏的溫度比外面低，工作人員需要爬上爬下，很多人年青時就有風濕關節炎，腰骨也勞損得很厲害。令他最害怕震驚的一次經驗是，有一次大洪水，水位不斷上升，差很少便到河壩的終點。如果再下一小時的雨，一定會淹到石窟裏，幸好那時雨停了。這令他更覺得數碼化工作很重要。他說自己一輩子都不會離開敦煌。很多年輕人都受樊院長的個人魅力感動，選擇留在敦煌工作，他們的孩子也在敦煌出生。一代代的人，他們的精神也是一代一代接棒下去。

其實敦煌的情懷，不單只在內地，也已吹至香港，有很多敦煌捐贈者。我套用婁婕老師的說話：「其實這些都是脆弱的歷史，敦煌之所以能夠保存是一個奇蹟，但正因為有一批無私奉獻者，精心不二，敦煌才能遺留至今天。」我希望這種精神能一直傳承。

三

歲月流沙

絲綢之路上的敦煌
—— 從流沙光影到數碼化

吳 健

在上世紀 80 年代，我意外地和敦煌結緣。1980年，改革開放剛剛開始，當時叫敦煌文物研究所。那時段文傑先生是任常務副所長，常書鴻先生到了北京休息兼任國家文物局顧問，當時主要是段文傑先生主持工作，而現在的樊錦詩院長在那個時候任副所長。

他們重新調整領導辦的第一件事情，就是急需恢復正常的科研工作，急需一批年輕人到敦煌，他們當時統發招聘廣告，在幾百人考試中招了 20 位，都是只有十八九歲的高中畢業生，包括我在內。1981 年 3 月 31日，我就到敦煌工作了。

常常有人問我敦煌是怎樣的，敦煌在哪裏？很多人不知道，不光是在香港，包括中國內地也是一樣，很多人就是不太理解。我們要怎樣告訴大家一個真正的敦煌，一個美麗的敦煌，一個瀕臨自然破壞，需要大家繼續保護世界文化遺產的敦煌呢？這就是我們作為攝影師，在做好石窟本體的拍攝工作以外的職責。

　　要談敦煌，首先要談到她跟絲綢之路的關係。絲綢之路是一條很重要的商貿之路。沒有絲綢之路，也就沒有敦煌。因此，我進行石窟攝影的同時，也尋找各種機會，把鏡頭從窟內移向窟外，表現人文景觀以外，還要去表現敦煌的大環境，以敦煌為中心向四周擴展。我好幾次由長安，即現在的西安，經過甘肅天水、蘭州、河西、河南，到敦煌，然後到新疆等地。我發現除了莫高窟以外，這條路上還有很多值得我們去注意、關愛、鑒賞的文物古蹟和自然景點。所以說攝影是一門造型藝術，在特定的時空、光影的組合下營造的真實，就是它的特徵。要拍好每一幅作品，必需到現場去，攝影師不能閉門造車。

絲綢之路的風光

在公元前 138 年和公元前 119 年的漢武帝時期，曾經兩次派張騫出使西域，打通了中原通往西域諸國的一條通道。這條通道在 19 世紀末被德國地質學家李希霍芬（Ferdinand von Richthofen），稱為絲綢之路（silk road）。他首先提出了絲綢之路這個概念。現在很多學者都認為，"絲綢之路"不僅僅是一條商貿之路，更重要的是，她是一條文化之路，是一條宗教之路，也是一條友誼之路。

就讓我講述敦煌之前，跟大家分享一下我拍攝的部分絲綢之路上的風光、古代遺址、石窟等。

1		3
2	4	5

1. 絲綢之路的一個出發點西安鐘樓遺址
2. 天水麥積山石窟，因造型酷似麥垛，被稱為麥積山
3. 瓜州榆林窟的東崖崖體
4. 莫高窟北區石窟羣
5. 鳴沙山

1	2
	3
	4

1. 敦煌雅丹國際地質公園

2. 新疆清真寺哈密王墓

3. 吐魯番交河故城

4. 布達拉宮

敦煌——歷史文化瑰寶

敦煌位於甘肅省河西走廊的西段，是絲綢之路上的重鎮和中西經濟文化交流的匯聚和集散之地。南來北往的僧人，還有商旅，都要在敦煌這個地方倒換關文，所以這個地方留下了非常深的文化基奠。張騫出使西域之後，漢武帝在敦煌設立了敦煌郡，她本身是一個多民俗、多元文化共處的地區。

我們所說的敦煌石窟並不只是說敦煌莫高窟，是指敦煌地區的石窟，是一個總稱。它包括敦煌的莫高窟、西千佛洞，還有瓜州的榆林窟、東千佛洞，和離敦煌一百多公里肅北蒙古族自治縣裏邊發現的五個廟寺。因為它有五個洞窟，所以叫五個廟。這些洞窟雖然規模上很懸殊，有的只有幾個窟，不像莫高窟有七百多個窟，但是它們的風格很相同，內容也很相近，所以說開鑿的時代也很相近。我們總稱它們為敦煌石窟。其中敦煌研究院管轄的就是敦煌莫高窟、瓜州榆林窟和西千佛洞。

莫高窟

敦煌石窟分佈圖

敦煌西千佛洞

從衛星上拍到的敦煌莫高窟及周邊的地形

敦煌石窟的代表首推敦煌的莫高窟，莫高窟俗稱千佛洞。據唐代的《李克讓功德碑》的碑文記載，莫高窟建於前秦建元二年，有一個僧人叫樂僔，掌杖東來，行至三危山，忽見金光萬道，遂開有窟。樂僔和尚到這裏來，開了第一個窟，之後不斷有人把它開鑿下去，成為現在的莫高窟。這個是一個確切的記載。當然我們現在看到的只是一個自然現象，我曾拍攝到那座山是發紅的，它正是在秋天雨後，塵埃沉澱了，在空氣中反光，石頭質地的山把日光的色彩再反射，顯得更漂亮，更絢艷。我們是肉眼凡胎，但是在佛家人眼裏看到這兒地方有佛、有靈氣。

莫高窟在前秦建元二年，公元 366 年開鑿。從公元四世紀到十四世紀，經歷了十個朝代：北魏、西魏、北周、隋、唐、五代、宋、西夏、元等。到了元代，就畫上一個完美的句號。為甚麼？因為明代的時候，嘉峪關就封關了。嘉峪關以西，包括敦煌，百姓人員都隨之遷入內地，敦煌從此就荒廢了。直到 1900 年藏經洞被發現，大家才知道原來有過敦煌。莫高窟現存洞窟有 735 個，其中有壁畫的洞窟 493 個，洞窟南北長 1680 米，分南北兩區，至今保存有彩塑兩千餘身，

壁畫有四萬五千平方米。我們說敦煌藝術裏面包括的就是建築、壁畫、彩塑。它三位一體構成了敦煌藝術美的體系。它的內容非常豐富，涉及古代社會的歷史、藝術、經濟、文化、宗教、科學等領域，具有珍貴的歷史、藝術、科學價值，是中華民族的歷史瑰寶，也是人類不可多得的文化遺產。1961 年莫高窟被國務院列為重點文物保護單位，1987 年又被聯合國教科文組織列入《世界文化遺產名錄》。

加入敦煌攝影組

帶大家看了絲綢之路和莫高窟後，談談我在敦煌工作的由來。文章開首談到我在 1981 年 3 月就到了敦煌工作。那時候看到敦煌，覺得美是很美，可是我們不懂，18、19 歲的孩子甚麼都不懂。當時樊院長剛 40 出頭，很幹煉，也很樸素。段先生也是剛 60 出頭。當時敦煌研究院大概不到 50 人。我們的到來為敦煌注入了新的活力、新鮮血液。老先生對我們很關心，給我們上課，談莫高窟的營造、敦煌的史地、講早中晚期藝術、講藏經洞的發現等等。完成講課以後，我們都去當講解員。講解員是很重要的一件事，現在樊院長規定了，凡到來的大學生得先當一年講解員。因為他們先要了解敦煌知識，要不然到任何崗位上，都沒有辦法適應。當了三個月講解員後，有一天段文傑先生跟我說："小伙子，派你去一個崗位，你去不去啊？"我說："甚麼崗位？""我派你去照相。"那時候，人們還不怎麼叫攝影，叫照相。"照相？""你喜歡不喜歡呀？"我不假思索說："我挺喜歡！""是啊，我覺得你的身材比較魁梧，總之是比較高，反應也挺好。"就那麼樣我便開始學習攝影了。

我的老師李貞伯先生，當時正需要一個助手。拍攝要選個子高的，因敦煌除了拍佛以外，還有一些要員來參觀時要拍攝。個子小，便吃虧。當時敦煌文物研究所資料室下有個攝影組只有兩人，我的師父和他帶的學生。師父以前是畫家，是徐悲鴻的學生，後來常書鴻先生將他從北京帶到敦煌。他酷愛攝影，又喜歡古道，便安排他當攝影。

　　師父帶了我大概一年，突然病倒住院，我就得挑大樑了。那個時候似懂非懂，反正要開始投入正式工作。當時仍然有很多東西不太理解，直到 1984 年，我去拍《中國美術全集》。當時美術出版社的編輯跟段先生說：" 你們誰來拍雕塑？" 原來全書有三卷：兩卷壁畫、一卷雕塑。另有一位先生也來拍攝。段先生的意思是，兩人都拍，然後現場沖相片，誰拍得好就要誰去拍雕塑。我們天天架爐子，沖膠卷，水溫低了加開水，高了加涼水，溫度表盯着 38 度，便去沖膠卷。沖完以後，人家一看覺得姓吳的還不錯，就讓我開始拍雕塑。但是拍攝時確實費了很多精力，很多心血，很不容易。你別跟我說去拍感覺、找感覺，當時幾乎沒有的，主要是工作量太大。

漆黑的拍攝經歷

1984 年，我就帶着現在數字中心的副主任孫志軍拍攝。那時候我們都是晚上上洞窟拍攝的。第一因日間工作量太大，第二白天有些光線直接射入洞窟裏，會有干擾，再加上遊客干擾，所以晚上才去拍攝。有一天拍 158 洞窟，從一個小洞窟鑽到莫高窟最高處裏，就是一個臥佛，中唐時期的臥佛。拍那洞窟就只有我們兩人。那時莫高窟晚上是沒有電的，只有供應的兩條線，洞窟前面沒有燈，完全黑暗。我們二人拿着一支手電筒，好不容易電接亮了，就在那裏拍攝。

"啪"，一個燈泡燒壞了。那時候一個燈泡很值錢，要五塊八呀！因為敦煌地處邊緣，距離最近的城市蘭州都要一千一百多公里。孫志軍只得到辦公室去取另外的燈泡。那個晚上真的很恐怖，黑乎乎，甚麼聲音都沒有。孫志軍是個從來不會唱歌的人，那天扯得很大的嗓子，不成調的，但是都要唱，就是在掩飾內心的恐慌。我一個人坐在洞窟門口，黑乎乎，那時我才比他大幾歲，心裏也有一點恐慌，只是在掩飾。後來聽到聲音又來了，他終於把燈泡拿回來了，才沒那麼慌。我們當時就在這麼艱苦的條件下拍攝。

1985 年我們到榆林窟拍攝書籍《中國石窟 —— 榆林窟》的相片，是日本平凡社出版的。拍攝時正好是冬天。當時榆林窟還沒有加固，整個都是外露的。日間實在太多光線，我們沒辦法拍攝，只好在晚上，下着大雪時拍攝。當時生活是很艱苦的。拍攝完畢後，是半屋子的積雪，我們還要做飯。有一次吃麵，當時沒有菜，沒菜就白吃麵，拌點醋。有人給我們橘子罐頭，在裏面倒點醋，拌麵條來吃。這就是我們覺得很好的飯了。

我的三十年

攝影就是視覺、知覺的一種創作活動,當中結合了我們要拍的題材和攝影家的思考。一幅好的作品要經歷創作、傳達、反饋的過程。我在敦煌有 30 年了,總結這 30 年,首先我認識了敦煌,這需要一個過程;我也感悟到敦煌,要為敦煌做些事情,這需要更漫長的過程。因為你已投入了、融入了瀚海般的世界文化遺產,在短期內是做不出甚麼來的。這 30 年,我認為就是從認識、反饋、探索,到發現美,創造美,展示美,保護美的過程。這就是我的 30 年。是敦煌養育了我,我的根就在敦煌。

1985 年拍攝榆林窟後,段文傑先生叫我去大學學習。完成學業後其實有千千萬萬個理由可以離開敦煌,但是我沒有。我也去拍別的題材,比如美女、風光,而且都曾獲獎。但是我發現莫高窟對我的影響太重要了,它有更多更豐富的內涵,需要我拿攝影機去發掘它。因此,我又回到敦煌。

深層次的藝術探討

一、石窟建築

　　現在介紹一下石窟的建築。剛才講到建築、壁畫、彩塑三為一體，構成敦煌藝術的體系。建築是敦煌石窟的一個空間結構，它的結構是多種多樣的，有不同的建築式樣。莫高窟北魏第254窟的洞窟形制是四面開龕的，中間的柱子叫中心柱，旁邊有小龕、塑像，繪有早期的壁畫故事。它過去的功能是給修行的人繞窟觀像的。莫高窟的壁畫題材分為：故事畫、經變畫、民俗傳統題材、供養人畫，還有裝飾畫。它的頂部除了藻井以外，畫了大量的民俗傳統題材，比如東王公、西王母，還有風神、雷神、電神這樣的題材。

1 | 2 | 3　　1. 莫高窟第275窟（十六國），是最早期的一個洞窟形制

2. 莫高窟第254窟（北魏）

3. 莫高窟第428窟（北周），有人字披頂圖案

71

$\dfrac{1}{2}$

1. 莫高窟第 158 窟（中唐）的臥佛
2. 莫高窟第 16、17 窟藏經洞（晚唐）

　　說來，攝影師還有一個更重要的作用，要懂得解讀。例如 158 窟中的佛為甚麼橫臥在台中間？它跟洞窟有甚麼關係？這個佛叫涅槃佛。這個洞窟像棺木一樣的結構，它的建築、雕塑、壁畫，構成了一個完整的舉哀場景。

　　著名的藏經洞相信大家都很熟悉，其編號為 017。藏經洞的發現是舉世轟動的，敦煌學的誕生也是從那時候開始的。藏經洞在一個大窟 16 窟中的一個兒窟裏。當時發現有四萬多的遺書經卷，後來被西方的探險家盜走了很多經卷。

二、彩塑

　　雕塑是莫高窟敦煌石窟的一個主體，也是人們頂禮膜拜的一個偶像。製作雕塑要受嚴格的佛教儀軌約束，但是造型卻離不開現實當中的人，因此每個時代的雕塑都有每個時代的審美特徵。為甚麼說唐代以豐滿圓潤，以胖為美呢？　說明這代表了那時候的特徵。我們拍攝雕塑，就要把它們看作活生生的人。

　　莫高窟第 259 窟的禪定佛像，被稱為帶着蒙娜麗莎式微笑。佛的嘴角慢慢微微上翹，如果拍攝角度掌握不好，光線運用不好的話，那它不但不是微笑，還看來很恐怖的呢。要尋找這個微笑，是要下一點功夫的。

莫高窟第 259 窟禪定佛像

1 | 2 | 3 | 4 | 5

　　我們經常可以看到第 248 窟那雙手合十的菩薩，很多出版物都會拍攝它，卻沒有發現在它旁邊，就是拐角處第 257 窟還有一個思維菩薩。拍攝思維菩薩時，我覺得它們有連帶關係，空間關係。除此以外，它們還像孿生姊妹一樣，很有意境。石窟雕塑攝影除了要強調佛像的細節、真實以外，還要去追求意境，打動人心的感受。怎麼打動人呢？就要靠雕塑的造型、形象、神態，還要靠攝影師的眼睛去觀察。我認為是心影相交，心與影的相交。要是不用心，是做不到這一點的。

　　第 328 窟是莫高窟的雕塑代表作。從相中可以看到原本應該是九身像。相的左邊，台下空了，原本那兒有一身跪着的供養弟子菩薩，是被美國的探險家華爾納 (Landon Warner) 在 1924 年盜走了，現在該菩薩像在美國。

　　圖 4 及 5 的菩薩堪稱是唐代的上乘之作。它們的美在於對細節的刻畫，衣飾華麗，豐滿圓潤的造型，這些都代表唐代的審美特徵。看那 S 形的站姿，我們有時候兩腿站直，會覺得很累，也很拘謹，稍微腿一鬆，一扭，便輕鬆多了，就如那彩塑一樣。我們的藝術大師在造型上運用了這一點變化，儘管都是佛教題材，但在造型上感覺便輕鬆自如，做到靜中有動。

　　莫高窟第 130 窟大佛，是莫高窟盛唐時期的上乘之作，它高 26 米，用了 30 年才完成，叫彌勒大佛。我們可以三個角度，上、中、下層來觀賞它。上層的角度不是很好，下層主要是一般遊人參觀的角度。我們沒辦法把這座佛拍全照，因為它在一個窟裏，卻高 26 米。那時候，文物攝影不能令原件變形，也不能誇張。我個人認為適當變形與誇張，能加強一種視覺的張力，但當時辦文物攝影，最初只要做好檔案工作，但作為弘揚來說，

莫高窟第130窟大佛（上、中、下角度）

我認為應該展示它最完整、最美的一面。當時我的拍攝考慮是，從第二層開始先加大它的拍攝範圍，之後去尋找人們怎樣去頂禮膜拜大佛，是從甚麼角度進行的？另外，大佛又到底在怎樣的空間裏呢？最後我苦思冥想，經歷了漫長的尋找，才找到應有的角度。它是一個室內大佛，室內還有藻井、壁畫、莫高窟最大的飛天，我希望能同時展現出來。石窟攝影就是從心靈上應該怎麼跟佛達成一種共鳴，一種心與心之間的交流，怎麼在有限的空間裏，展現它的無限。這就是我們要做的課題。

三、壁畫

壁畫是莫高窟一個重要的題材，有四萬五千平方米。我們到哪兒都說敦煌壁畫，因為其數量很大、精美，讓人賞心悅目。以下展示其中部分。

洪水和風沙等天然災害

敦煌數碼化工程

讓我也簡單介紹敦煌石窟的數碼化來由與現況。說來六月的某天，莫高窟連續下了三天雨。我着學生早點上莫高窟拍攝，以免洪水來了。果然第二天大水來了，要是雨再延長一個或兩個小時，莫高窟很難說不會受到破壞，這個例子就說明了為甚麼我們要進行數碼化。大家經常看到的莫高窟照片都是藍天白雲，但風沙瀰漫、雨水卻是我們經常經歷的。雨後的第二天，我想派人再去拍攝，但路已經沖斷了，我們都到不了莫高窟。

另外，莫高窟作為旅遊參觀景點，遊客越來越多，同一時段可能有幾千人同時在莫高窟。怎樣解決莫高窟的保護問題和過度使用的矛盾呢？樊錦詩院長當時意識到這個問題，向政府提議興建一個敦煌遊客展示中心，以緩解遊客對莫高窟的壓力。遊客中心裏看到的，是莫高窟的球幕展示，是莫高窟十個朝代的典型洞窟，然後遊人可以到洞窟現場看真跡，但卻不會看到展示中心中的洞窟。展示球幕下，可容納二百人，感覺就像置身洞窟裏。

莫高窟走過了一千六百多年的歷史，現在我們可控制的是人為破壞，但自然的破壞真的沒辦法控制。拿 1908 年最早的照片和現在的對比，壁面已模糊得很厲害，所以，我們

各種病害侵蝕

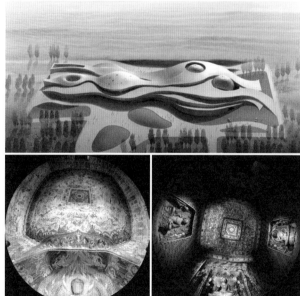

1
2
3	4

1. 到莫高窟的大量遊客

2. 遊客展示中心外景效果圖

3, 4. 莫高窟球幕展示

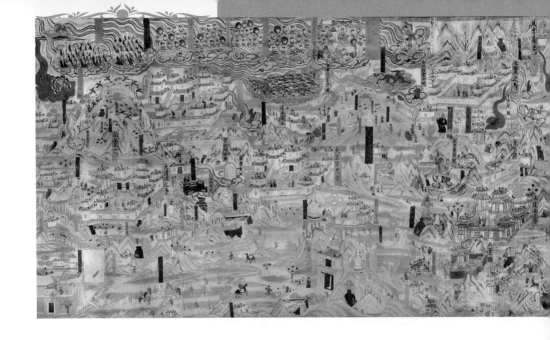

　　儘管說要對莫高窟進行保護，希望能延年益壽，但終究不能使她永久長存，所以樊院長在上世紀 90 年代初便提出要進行數碼敦煌。附圖是數碼化的其中一些成果，其中的例子有敦煌莫高窟第 61 窟五台山圖，平時我們根本是看不到全圖的，這幅畫高 4 米，長 13 米，中間有中心柱阻擋。通過數碼化拍攝和拼接，便可完整無縫地展示。2008 年在北京中國美術館盛世和光大展裏，這幅數碼化壁畫便展示出來。這麼大的一幅畫，我們可以隨便點一個細節來看，看到它的清晰程度。

　　我們走了漫長的十幾年數碼化道路，一路以來都是通過我們的不懈努力，還有通過一些國內外的大專院校、高等院府，還有科研機構和我們合作。我們曾與美國梅隆基金會、

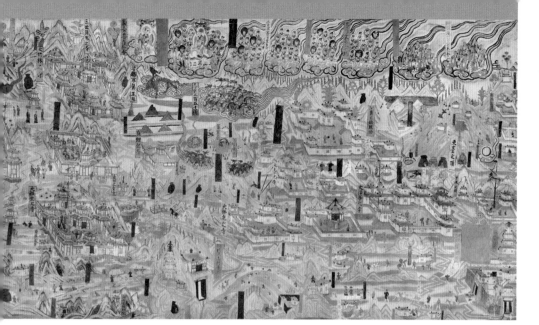

莫高窟第 61 窟五台山化現圖

莫高窟第 61 窟五台山圖局部

1. 借助壁畫數碼化技術，以電腦自動輪廓線生成技術，改善過去臨摹工作的困難
2. 以全景球幕機獲得洞窟的全景。資料可用於場景的重現演示和任意位置的即時測量

洞窟三維數據收集與展示

美國西北大學、浙江大學、武漢大學等合作和交流，發明了自動拍攝裝置、自動拼接軟件、三維定位測量的掃描、三維洞窟重建等。數碼化除了提供檔案數據以外，還對各學科有很重要的作用。比如說，在考古、石窟保護、美術臨摹，還有敦煌的一些壁畫變色研究方面，都非常重要。如今我們可以把當時華爾納黏走的壁畫，透過數碼技術復原。

最後，我們數碼化的工作得到香港很多愛國人士的幫助和關心。感謝他們多次到敦煌，給我們伸出援助之手。

第二章

思考敦煌

一

淺談敦煌學先行者

從 "傷心史" 到顯學

李焯芬

　　倘若你有幸遇上前輩史學家陳寅恪，問他：＂敦煌是啥事？＂恪老或許會重述他在上世紀 30 年代講過的那句話：＂敦煌者，吾國學術之傷心史也。＂

　　這句話如今仍銘刻在敦煌藏經洞陳列館的一塊大石上，讓人看了，先是觸目驚心，繼而黯然神傷。

　　敦煌緣何竟成了吾國學術之傷心史？這要回溯到光緒 26 年（1900 年）那段不平凡的歲月。

　　那一年，敦煌莫高窟（時稱千佛洞）的主持道士王圓籙在清理第 16 窟通道上的積沙時，偶然發現窟內北側別有洞天，由是開挖出後來舉世知名的藏經洞（現稱第 17 窟）。

敦煌藏經洞陳列館內之石刻：「敦煌者，吾國學術之傷心史也。」（陳寅恪，1930 年）

　　開洞之初，洞內約有古代寫本和刻本四萬餘卷，最早的成書於四世紀中葉（南北朝），最晚的則是十一世紀初（宋），橫跨近七個世紀。這些文獻其實是中國中古時代社會、政治、經濟、文化、宗教、生活等各方面的第一手史料，可謂中國中古社會生活的百科全書，因此深受國際學術界的重視。陳寅恪當年把這個嶄新的學術領域稱為"敦煌學"。這四萬多卷的敦煌遺書包括了佛教、道教、摩尼教及景教文獻，儒家典籍，文學作品（詩歌、變文、曲子詞、話本小說、俗賦等），當地政府及寺院檔案（包括民間契約、社邑文化、田制文書、賦稅紀錄等）、史地文獻、科技文獻（算術、力學、計量學、冶煉、煉丹、天文圖、醫籍、針灸、印刷、建築、紡織等範疇）。除漢文寫本外，還有大量以古藏文、回鶻文、于闐文、栗特文、梵文等文字寫成的文獻。此外，還有不少藝術品，包括絹畫、麻布畫、紙畫、紡織品、刺繡品、木雕品等。

法國人伯希和在藏經洞內篩選文獻
（1908 年），其後取去約 6,600 卷。
英國人斯坦因則取去約 15,000 卷。

眾所周知，藏經洞被發現後，文獻文物隨後大量流失或遺失。匈牙利裔英國人斯坦因取走了約 15000 卷；法國人伯希和拿去了約 6600 卷；日本人橘瑞超和吉川小一郎、俄國人鄂登堡也相繼取走了不少的文卷。如今，只剩下約 8000 多殘卷，保存於北京圖書館內。洞內的繪畫、紡織、木雕等藏品，絕大部分已被斯坦因和伯希和取走。外國人取去這一大批敦煌文獻文物後，十分重視它們對中古史研究的價值，於是認真地開展了敦煌學的研究。日本學界就曾長期流傳着這樣的一句話：敦煌在中國，敦煌學在日本。

這就是陳寅恪那句“敦煌者，吾國學術之傷心史也”的歷史背景。那年頭，中國內憂外患、連年戰亂，敦煌石窟殘破失修，敦煌文獻文物大量流失海外。要展開敦煌藝術的保護工作，或進行敦煌學研究，實在談何容易？尚幸 20 世紀以降，不少前輩學人及仁人志士為了敦煌石窟的保護和敦煌學的傳承而挺身而出、盡心盡力，在極其困難的環境下起了關鍵性的作用。這當中包括了葉昌熾、葉恭焯、羅振玉、王國維、于右任、陳寅恪、陳垣、賀昌群、饒宗頤諸先生。1944年，敦煌藝術研究所正式成立，由常書鴻擔任首任所

長，開始了蓽路藍縷的敦煌藝術搶救工作，和敦煌學的研究。這以後，段文傑和樊錦詩相繼帶領着一代代的敦煌人，為民族文化遺產的保護和傳承，在大西北的戈壁灘上默默耕耘，奉獻了自己的畢生精力，鞠躬盡瘁，死而後已。

選堂饒宗頤先生的敦煌學研究，始於上世紀 50 年代初。他當時任教於香港大學中文系。適值日本人榎一雄在倫敦把斯坦因從敦煌洞拿走的寫本（編號一至六九八〇）攝製成縮微膠卷。在當時正在劍橋大學授課的鄭德坤教授的幫助下，選堂先生有幸購得了其中的一套，從此開始了他對敦煌學的研究。1956 年 4 月，他的第一本敦煌學著作《敦煌老子想爾注校箋》出版，引起了學界對道教史研究的重視。

選堂先生對敦煌樂舞、書法、繪畫、歷史、宗教、文學諸領域均有深入的研究及創見。樂舞方面，他於 1960 年發表了《敦煌琵琶譜續記》；1962 年發表了《敦煌舞譜校釋》；1990 年及 1991 年又分別出版了《敦煌琵琶譜》及《敦煌琵琶譜論文集》兩部重要的著作。書法方面，1965 年發表了《敦煌寫卷之書法》；80 年代編撰了《敦煌書法叢刊》共 29 冊（日本二玄社出版）；1993 年又編纂《法藏敦煌書苑精華》共 8 冊，開創了敦煌書法研究的先河。繪畫方面，1969 年發表了《跋敦煌本白澤精恠圖兩殘卷》；1978 年出版了《敦煌白畫》，深入研究唐人的繪畫技法。歷史方面，1964 年發表《神會門下摩訶衍之入藏兼論禪門南北宗之調和問題》；1968 年發表《維州在唐代蕃漢交涉史上之地位》，1971 年發表《論敦煌陷於吐蕃之年代 —— 依頓悟大乘正理決考證》等專論，解決了一些敦煌歷史上懸而未決的問題；1995 年出版了《新莽簡輯證》及《敦煌漢簡編年考證》兩部書。選堂先生對唐代敦煌曲子詞亦有深入研究；1971 年曾出版《敦煌曲》一書；1996 年又出版《敦煌曲續論》

一書。先生對敦煌本《昭明文選》亦曾長期進行研究；2000 年出版了《敦煌吐魯番本文選》一書。

1965 年至 1966 年，先生曾應邀到歐洲，研究巴黎及倫敦所藏的敦煌文獻。1978 年至 1989 年，先生又再到法國高等研究院講學及進行研究。

自 1987 年始，先生親自主持了大型高水平學報《敦煌吐魯番研究》的編務，至今已出版 11 期。他又經常指導內地中青年學者從事專題研究，積極培育敦煌學人才。先生亦因而於 2000 年獲頒 "敦煌文物保護研究特殊貢獻獎"。

眾所周知，選堂先生是當代傑出的書畫藝術家。他的書藝中含敦煌書法的元素，早年便已嘗試將敦煌流沙墜簡的書法，結合石門銘而創造出自己的一種寫法。他所繪的人物畫及動物畫，亦脫胎自敦煌畫稿，近年，選堂先生又開創了西北宗山水畫，以敦煌及大西北的山水入畫，於南北二宗之外另闢新途徑及技法，極富創意。先生學藝雙攜，把敦煌學與敦煌藝術融於一爐，堪稱前無古人。

逾 50 載的敦煌學藝研究，令選堂先生對敦煌產生了極深厚的感情，並對敦煌文獻及敦煌藝術的巨大價值有着深刻的體會。先生近年感到特別欣慰的是：20 世紀 80 年代至今，內地之敦煌學漸成顯學。內地專家學者人材輩出、雲蒸霞蔚、迎頭趕上，形成了一支朝氣蓬勃的敦煌學生力軍。以流落海外博物館及圖書館的敦煌文書及文物為內容的大型精美圖冊，亦相繼在內地出版，為內地敦煌學研究提供了條件。昔日陳寅恪曾慨嘆"敦煌者，吾國學術之傷心史也"。選堂先生認為這情況如今已有所改觀。時至今日，中國敦煌學者已在國際學術界取得領先或主導地位，並且成績斐然，令人鼓舞。

　　儘管如此，敦煌壁畫的保育工作至今仍然十分艱巨，需要不少的人力物力。有見及此，選堂先生勉勵大家多關心多支持敦煌文物保護工作。在先生的精神感召下，香港一批有心人於年前成立了"香港敦煌之友"，至今已為敦煌研究院募集了逾 60 個洞窟的壁畫數碼化及維修保護所需的經費，以便永久保存這些藝術瑰寶。數碼化的壁畫圖像紀錄，可於熒幕上放大細賞，更有利於研究工作。選堂先生又曾捐出了十幅書畫作品，為敦煌藝術的保育而義賣，共籌得港幣一千三百多萬元。先生仁為己任，善與人同，令人感佩不已。無獨有偶，美國近年亦成立了"美國敦煌之友"的組織，支持敦煌文物的保育工作。牽頭的是微軟公司蓋茨（Bill Gates）之繼母 Mimi Gates，她是先生 40 年前在耶魯大學講授甲骨文課時的學生。敦煌曾是漢唐絲路上中外諸古代文明的交匯點，如今又匯聚着為文物保育而共同努力的一眾中外人士，因緣際會，信是有緣？

二

與敦煌的不解緣

《敦煌石窟全集》
的出版故事

陳萬雄

曾策劃編輯和主持出版過幾套關於中國文化藝術的專題大型系列的圖書,是我 30 年編輯出版生涯中,很可回憶的事。在香港商務印書館出版的 26 卷本的《敦煌石窟全集》是其中之一,而這套全集最終能出版,背後有一段故事。

"敦煌石窟",在中國以至世界文明史上遺跡的重要,1900 年北京圓明園與敦煌石窟之同遭劫難,對我這個唸中國歷史的,不會不知道的。但是對敦煌石窟之文化和藝術內容,卻是認識不深不透的。1984 年首度遊絲綢之路,初訪敦煌。雖參觀過不乏上好的洞窟,又得導遊的導賞,與敦煌算是打過照面,識其廬山真面目。匆匆而浮光掠影地參觀,對其文化和藝術價值,

仍然模糊,不甚了了。繁富的內容,於我不啻為天書。承蒙原院長段文傑先生和現任院長樊錦詩(時為副院長)的接見,了解到一些敦煌研究院的現況,反而留下了洞窟之外的一些印象和感受,留下印記。接見談話間,段院長提出,建議與香港商務印書館合作出版敦煌藝術畫冊系列。段院長所以有此建議,或許聞見前此香港商務與北京故宮合作出版了《國寶》和《紫禁城宮殿》兩本大型畫冊,且在海外甚獲出版時望之故。時在座同遊的香港商務總經理和總編輯李祖澤先生,支吾以對,我也不敢置喙。這樣的回應,我們的心中是清楚的。香港商務印書館,自戰後以來,艱難經營,勉力支撐。經過"文化大革命",更趨積弱。80年代初啟,乘中國開放的契機,開始重整,但百廢待興,雖有所扭轉,但底子虛薄,豈敢接此重擔。一大本畫冊的出版尚難,何況說是系列的出版。敦煌雖偉大,文化內容雖富瞻,亦享世界名聲,以當時我們對敦煌的認識,如何操作成為可出版的選題,沒有主意設想。出版人每有這種時有常在的奈何!

90年代初第二次遊絲綢之路,再到敦煌參觀。去前讀了一些關於敦煌的歷史和藝術的著作,算增加對敦煌認識,參觀洞窟藝術,聽了導賞,似有感悟。參觀完畢再承前任段院長和時任院長的樊錦詩的接見。座談再說到能否與香港商務合作出版敦煌畫冊系列,計劃太龐大了,實在不敢貿然答應。也只能虛應過去。但是,再次來到敦煌,對敦煌內容和價值,認識多了,加上十年編輯出版大型畫冊的經驗,確信敦煌絕對是宏揚中國文化值得思考的題材。只是敦煌內容繁複,而向大眾,解構不易。自第二次到來參觀後,內心一直琢磨着,如何構思出版一本適合海外讀者的出類拔萃的敦煌高級畫冊,以廣敦煌文化藝術的流播。

一分的損耗，永遠的損失

樊院長說到的兩件事，也讓我心內泛起波瀾，一直揮之不去。

一是她說："80年代初啟，香港邵逸夫先生雖然未能到遊敦煌，但聽組團來訪的香港中文大學校長馬蒙先生回去說到，敦煌洞窟內，牆上的壁畫，缺少間隔的保護，參觀者可隨意摩挲，由於遊客日多，損蝕日益嚴重。出於當時在海外政治的考慮，邵先生不具名貢獻了千萬元，建立起鋼框玻璃架圍着洞壁，以茲保護。"並說："邵先生傳來說話，'到中國能有錢去保護的時候，文物恐已破壞掉了，這是千秋萬世的事，不能不及時去做。'"相信他是中國人私人捐款維護敦煌的第一人。始後十多年，香港民眾最鍾情並積極捐輸敦煌保護的先驅。

作為一個歷史研究者，我自然關心起敦煌的研究問題。樊院長略作了些介紹，話頭一轉說："幾十年來敦煌研究院對敦煌研究是重視的，比之研究，幾十年來敦煌首在保護和維修。一分文物的損耗，是永遠的損失，無可追補。"她並告訴我們，幾十年來敦煌研究院上下員工，如何在不可想像、極其艱困的環境下，作了多大的犧牲，才保存維護着敦煌洞窟。

在樊院長引領我們參觀洞窟時，回答我詢問在"文化大革命"中，敦煌如何得保存下來。她說："其時敦煌研究院也有派系的鬥爭，甚至是武鬥，但雙方都有認識，不能傷害破壞敦煌洞窟的文物。"這隨意的回答，讓我想起做故宮畫冊時，我有過同樣的提問，北

京故宮中人，也有近似的答話。前後兩次到敦煌和絲綢之路，遊客總以日本和歐洲人最多。這是容易理解的，日本和歐洲尤其是法國，是世界研究絲綢之路和敦煌歷史最興盛的國家，大量的出版，讓他們的民眾相應對絲路和敦煌的認識也最深。中國人也好，外國人也好，只要對有關文物的歷史和文化藝術價值有認識，就會懂得欣賞，曉得珍重，着力保護。這是歷史文化和藝術普及社會的意義。也應該是出版人最關注的使命。

沉痛的敦煌出版物

敦煌既縈繞於心，對敦煌出版物自然分外關注。

話說，世界最重要的國際書展"法蘭克福國際書展"，1996 年是"日本主賓國年"。該屆書展也可以說是日本出版界在法蘭克福國際書展中，最風光最令人觸目的一次。自此而後，隨着日本出版的長期不振，日本出版在這個國際書展舞台上，風光不再，而逐年每下愈況了。我也參與了該屆的法蘭克福書展，見證了日本出版界以鷹揚其出版歷史悠久的榮光，並誇飾其未來宏圖偉願，去建構其主賓國的主題。每年在法蘭克福書展中日本出版界攤位面積和圖書展示上，都據數一數二位置的日本講談社，該屆在其攤位上展出了一本二開特大裝的敦煌藝術畫冊，裝潢瑰麗，美侖美奐，着實讓作為出版的我，嘆羨不已。然而該圖冊精美的宣傳單張上，映入眼簾的一句宣傳語，也大大的刺激了我。其大意是說"敦煌在中國，敦煌研究在日本"。這句話讓我立刻浮現出陳寅恪先生關於敦煌說過的"敦煌者，吾國學術的傷心史也"，這沉痛之極的話。

着實湊巧，由法蘭克福國際書展回港不久，剛自北京公幹回港的香港商務編輯部綜合編輯室主管張倩儀小姐告訴我說，國家文物局屬下的《文物報》主持人劉瑋女士，為國家文物局張副局長傳話來，希望我能上北京一回，與我研究合作出版敦煌全集的事宜。到了京，會見了時文物局領導張副局長和研究室主管彭先生，他們說希望香港商務印書館能承擔與敦煌的合作，出版《敦煌全集》。文物局這個要求着實使我為難。雖然經過開放後十多年的努力，香港商務業務大為擴展，實力也比以前大得多。承擔《敦煌全集》的出版，實遠軼當時商務的經濟能力，經濟風險太大。何況，半年前剛與北京故宮簽定了出版《故宮文物全集》60 卷的合約，已是遠出香港商務經營實力之外的出版工程。再要出版《敦煌全集》，實在難以想像。接連兩天的商談中，起初我不願承擔的意願頗堅決。這是企業主持者的責任，不能置企業生存發展於不顧。最後讓我緩頰轉了念頭，轉而思量如何籌謀以促成其事，源於他們衷心說出的兩段內情話。

專家的畢生心血

他們說，敦煌研究院的研究資深專家 40、50 年代間，激於藝術的熱情，年青的萬里投荒，來到邊鄙荒涼、條件惡劣之極敦煌這個地方，窮經白首，矻矻一生，奉獻給敦煌。幾十年來對敦煌各種塑像和壁畫的研究，由最初毫無頭緒、不得要領，終能理出面貌，有所發明。而今這批專家年事已高，大都 60、70 歲了，再不整理他們的研究成果和心得出版，他們耗費一生的心血將付之流水。他們再透露說，日本有兩家大出版社，願意合作出版。卻提出了兩個必須條件，一、所有拍攝工作，要由日本攝影師承擔；二、拍好的照片，將由他們保留一套完整的底片。不知是說笑或是認真的，他們還說，如果日後敦煌石

窟遭難倒塌掉，在日本可以利用照片複製出一個敦煌來云。聽了這等話，再勾起 1996 年在法蘭克福的見聞，熱血奔湧，衝口而出，回答說，回港後我會籌劃，促成其事。

回港後，我則請示時任香港聯合出版集團董事長兼總裁的李祖澤先生，並提出可動員集團其他出版社共襄此計劃。李先生思量過後說，分散去做，很難成事，還是鼓勵我由香港商務獨立承擔。當時我任香港商務總經理兼總編輯，在 1997 年金融風暴發生前，商務經營很順暢，盈利一直穩定增長。想着，為《故宮》和《敦煌》兩套畫冊大系，每年撥出一定資金，完成這兩項可稱之為跨世紀的中國文化工程，且能承繼宏揚商務印書館保護整理中國文化的傳統，是值得的。這樣的想法，可以說是一種雄心壯志，也可以說是一種魯莽行事。但心中確實發願，能完成兩套文化大系的，我會加倍努力，全力施為，經營好商務的其他業務，以保證全公司的盈利，提供足夠資金，讓出版部完成這二項文化工程。

敦煌石窟全集

定了調，我遂約會段院長和樊院長再在北京協商。並坦言我們無力實行他們設想為敦煌石窟每個洞窟出版一本的龐大計劃。建議分專題組合，全面揭示敦煌石窟文化全貌的編輯方案。從初步認識了敦煌石窟內容，也從歷史文化學研究者和出版專業的立場，我介紹了分專題組合套書的優點。一、既不能一下子出版每洞窟一冊匯成幾百冊的碩大無比的出版計劃，這種分專題組合既可第一次揭示敦煌石窟豐富文化內容全貌。專家們也可透過這機會，讓他們日積月累、厚積薄發對敦煌石窟全貌的淵博知識，全部抖出來。其次，過往出版過的敦煌畫冊和圖書主要是以佛教和美術為主題，實則敦煌石窟留下的壁畫，是中國中世紀逾千年歷史和中外文化交流史的龐大而集中的圖像史料庫，是認識研究中國中世紀和中外文化交流不可或缺的珍貴的形象材料。在民國以來，湧現了一眾中古史研究大家，著作紛陳，宏識卓見。後來者只能在他們註釋中討生活，難有大發明。“敦煌”這個千年歷史圖像寶藏，公之於世，必能掀動中古史推陳出新。這種分專題組合的編輯方法，打破敦煌石窟多供美術界和佛教研究者應用的局限，而全面展現敦煌多學科多元的文化價值，於學界功德無量。最後建議得兩位院長的認可，遂在京簽約確定出版。題外話，《敦煌石窟全集》出版後，國學大師也是敦煌研究名家饒宗頤先生，讓其快婿、藝術研究專家鄧偉雄先生捎來一橫幅〈功在學林〉墨寶贈我，以示褒揚該書出版的價值，也對個人的獎勵。

這套《敦煌分類全集》每卷立案、撰寫、編輯、攝影等工程是艱難的。我自己實際參與只是整個出版計劃的釐定、編撰方案的取向的最初工作，其後全工程的推動和每卷的編輯編定等持續而艱辛的工作，是後來任商務總編輯的張倩儀小姐完成的。這套全 26 卷的《敦煌分類全集》經 10 年才完成，越跨 20、21 世紀之間。相信這套畫冊由構想、編著、攝影和印刷諸方面衡量，可成傳世之作。

三

外國敦煌研究者的歷史判別

他們是如此到達敦煌的

何培斌

在多年歷史裏，不同的人去到敦煌，為敦煌帶來的不同研究。我想跟大家分享四位早期在敦煌進行活動及研究的人士，其中三位是外國人，一位是日本人，講述他們為敦煌帶來了多少影響。當然我們都會懷疑他們是否真的到敦煌研究，還是像很多人說是帝國主義的侵略、偷竊？他們到底是敦煌學者，還是文化盜賊？

斯坦因：發現藏經洞

第一位是斯坦因（Aurel Stein），他是匈牙利人，曾往英國讀書，後來到印度工作。印度工作期間他想了解印度及歐洲文明的關係，他最初的意念是考慮進行一些發掘、考古及探險工作，想了解亞歷山大大帝由希臘往印度的事跡。同時他亦去看中亞細亞的遺跡，總共去了

四次中亞細亞。他第一次前往敦煌是 1907 年 5 月 21 日至 6 月 12 日，停留了三星期；第二次是 1914 年 3 月；第三次是 1931 年 8 月，開始往中亞細亞，希望同時可往敦煌，當時他已 69 歲，結果因為當時內地政府不允許外國人進入敦煌，因此沒有到敦煌。

他能去到敦煌的契機是來自一位地質學學者朋友，該學者在 1879 年隨一隊探險隊由歐洲到蘇聯，再入中國，在中國天山南北開始考察地質，考察過程期間他看到千佛窟，敦煌的莫高窟。1902 年，他跟斯坦因說發現了一個好地方，便是千佛洞，而當時斯坦因認為敦煌可能與早期印度的藝術有關。斯坦因一直希望能看到不同地方的藝術、交通、文化互相交流，藉着地質學學者的關係，斯坦因第二次到中亞細亞探險時，便同時進入敦煌。當他在喀什，尚未到達敦煌時，當地的院長向他推薦一位師爺蔣孝琬。斯坦因不懂講中文，又不懂看中文書，但他很喜歡中亞細亞的文章、文字及印度文字，便經常由蔣師爺翻譯，後來蔣師爺跟隨了斯坦因三年，大家變得非常熟絡。

當時斯坦因不是沿着絲綢之路往敦煌，而是經過北面羅蘭，再進入敦煌。他到達中國境內時，覺得那是個非常重要的軍事地方，他看見敦煌周圍的大沙漠、戈壁灘，就在兩大沙漠及兩座山脈中央的位置，控制了由中國直達西域，印度及歐洲所有的交通要點。這是個十字路口，蒙古要直往拉薩至印度這路徑，敦煌的地理位置是最重要的。

斯坦因非常敬佩唐僧玄奘，玄奘於 627 年前，離開長安往印度 17 年再回到中國，經過了大沙漠那段艱苦路程。斯坦因覺得自己到敦煌時，也好像玄奘一樣，辛苦地經過大沙漠，感覺像快要死去。

1907 年 3 月 16 日他到達敦煌，過了一晚後，第二天離開縣城前往莫高窟，莫高窟離縣城約 25 公里路程。他曾在日記中描述當天來回兩地的事。未到達莫高窟時，他經過一間小廟宇，研究它的木材結構、壁畫及佛像，並寫下了一整頁筆記。像我做建築的人來說，小廟宇看一看便會離開，不會深究，但他都仔細地研究一番，即使看看就知道那是清朝的廟宇，但他也不放過，實在令人佩服。他到達敦煌時更是大開眼界，感受到藝術風格的變化，他認為風格是由印度而來的，有時會加上少量中國本土色彩，如來佛和其他不同的化身都受到印度影響。那天，回程的時候颳起西風，天開始漸黑和寒冷，斯坦因在黑暗中回想，慢慢回味當天看過的所有清晰而美麗的景象。

　　當時看守敦煌的王道士出外化緣，斯坦因便利用那兩個月的時間在敦煌附近考察漢朝的長城、烽火台等等。後來回到敦煌的月牙泉，開始寫報告，等王道士回來。王道士是山西人，他在 1898 年離開山西到敦煌，刻苦地守着敦煌，他出外化緣就是為了修復寺廟、洞窟。1900 年，正是斯坦因到了敦煌約兩、三年的時間，他發現了藏經洞，看到在洞窟走廊有沙粒流下來，掘開

了門發現有許多經文。他當時很驚訝，把經文交予當地官員，官員把洞窟封閉不許任何人再內進。期間他拿了些經文來看，另外也有兩位外國探險家看過。斯坦因是第一位看經文的人，當時王道士只拿了一兩張給他看，後來斯坦因捐了一些錢，拿走了 20 多箱經文及 5 箱畫離開。在藏經洞內，他感到十分震撼，從地板至天花都擺滿一層一層、一卷一卷的經文。他推測中國人想保留文字及紙張，才突然把所有經文都收藏起來。收藏中，經文是最重要的，經文在上，絹畫在下，所以後來找到的絹畫都破爛不堪，經文則保存得很好。有些經文早於北魏，唐朝經文也有很多。

斯坦因很有系統地研究，例如會畫下敦煌附近的峰火台位置圖，在與朋友往來的信件或日記中，都有敦煌研究情況或討論學術的記錄。1912 年他出版了第一套圖書共三本，書名為 *Ruin of Desert Cathay: Personal Narratives of Explorations in Central Asia and westernmost China*，記錄他第二次探險的所見所聞。1921 年他再出版一套五本的 *Serindia: Detailed report of Explorations in Central Asia and westernmost China*，把所有的學術研究收入書內。

他帶走的畫，特別是絹畫及絲畫都非常美麗，如九世紀初期一幅釋迦牟尼佛像的變相圖，很有記念價值。畫的兩旁寫着供養人的名字，男子寫一旁，女子寫另一旁，中央是釋迦牟尼佛像。佛像的華蓋非常美麗，可以看見他頭上的光環都是透明的，而後面的和尚或僧侶都非常精細，顏色保存得非常好。我在倫敦讀書時在大英博物館可拿着這張畫來看，當時我都不敢呼吸，怕會破壞它。畫中描繪的色彩、妝扮、身體及採用的繪畫手法，現在在敦煌壁畫是很難看見的，看完這幅佛像再回頭看敦煌壁畫，便知道其原來面貌應該是那樣子的。不單是大型壁畫，當時洞窟內所用的幡都可以回復真貌，但可惜許多都成了片段、碎片，因為以前摺疊時壓成許多紋，令畫容易碎裂。雖然它們的色彩豐富，但要拼合它們並不容易。

斯坦因不單取走佛教畫、經文，還有些用品，例如 877 年的通勝、保護小孩的六位神像圖等，那些都非常有趣。1914 年斯坦因舉辦大型展覽，展示當時發現的物件，影響力很大。他認為重組這些畫作，可以更容易感受當中的藝術價值，看到中西交流與互相的影響，歐洲如何影響印度，印度又如何影響中國。他認為敦煌是東方藝術史的新章節。

伯希和：豐富的相片記錄

第二位是法國漢學家伯希和（Paul Pelliot）。1900 年他曾在北京參加英法聯軍和八國聯軍，他懂漢語。他是繼斯坦因之後，在 1907 年 6 至 8 月期間到敦煌的，當時他由中亞細亞前往，聽聞敦煌收藏了許多文字藏品，希望到來看看。他亦是第一位替千佛洞編號碼，編了約二百多個號碼。另外還繪畫洞窟的平面圖，拍了許多黑

白照片包括壁畫、祭祠的儀式等，又把牆壁上的文字寫下來進行研究。跟現在相比，彩色相片當然較好，但他的相片、文字和繪圖記錄，可說是作為 60 年敦煌研究的基礎。

當時伯希和被允許在藏經洞內停留三星期，每日他會看一千卷經文。當時斯坦因很讚賞伯希和，認為他的研究帶起當時的新潮流。他後來發佈的二套書 *Grottes de Touen-Houang de notes de Paul Pellot*，一套關於雕像及圖畫，另一套關於題字及他寫的日記。

鄂登堡：主張研究敦煌的總體

第三位是蘇聯的鄂登堡（Sergey Fyodorovich Oldenburg），他在 1914 年至 1915 年到敦煌，主要把埋藏了的北魏、唐朝及後期的雕像挖掘出來。某些早期北魏的佛像現時放在艾爾米塔什國家博物館（Hermitage Museum）內。他最大的貢獻是他的說法，他認為研究敦煌不只是收集物件，放在博物館裏，而是應該研究它的總體及全部，把整體細部與當時的環境及社會相配合。

大谷光瑞：引發日本的敦煌研究

第四位是大谷光瑞，他曾在英國讀書，在英國時認識了斯坦因，並曾組織三次大規模的探險隊。他有兩位助手也分別到敦煌。他們到達中國時正值革命時期，他們很害怕，不知道會發生甚麼事情，但同時亦收集了許多物品，如今一部分放在龍谷大學的博物館。後來東京大學學生松本榮一，與老師開始根據他們的收藏研究敦煌，在 1937 年寫成《敦煌畫的研究》，成為第一本有系統的正式的敦煌研究。1937
年開始有敦煌學就是從他開始。

何培斌：首次踏單車到敦煌的體驗

說到我第一次去敦煌的故事，記得是在 1988 年 11
月。當時普遍是坐火車後，然後坐車或騎驢子去的，而我
是踏單車去的。到達前的一天，我由北京坐火車坐了 72
小時，到了敦煌的柳縣火車站已是凌晨四時，由火車站到
敦煌則需要兩小時。到達市內的賓館已六時多，放下行
李後，立即就想到敦煌，但剛巧車開走了，只好租單車前
往，踏 25 公里，當時天氣很冷，路程很辛苦。但第一次
看到莫高窟時非常感動，後來開始研究敦煌，是希望研
究她的內容，研究當時的社會，在那社會環境中和佛教
的教義中了解她的變相，如佛經、建築整體表達的感受，
這些如何能帶我們進入經文，不單單是看壁畫、絹畫。

我不知道歷史怎樣評價這三位外國人及一位日本人
所做的事情，雖然他們帶了許多東西到其他地方，但就
如我特別鍾愛的 321 洞窟內那飛天和天上的佛像，彷彿
就是"人在做，天在看"。

四

莫高窟的人情滋味

從舊照片中看到的
—— 那些年、那些人、那些事

李美賢

　　敦煌莫高窟，這個跨越千年的佛教藝術寶庫可以保存至今實在是一個奇蹟。她既是東西文化交流的結晶，又是連續千年的中華藝術的原址博物館，更是中國中古歷史文化研究的資料寶庫。今天，她展示了無比的風姿和魅力，備受世人的高度讚嘆。但有沒有想到，在五、六十年前的她，是多麼的形枯憔悴！只因為曾有一些人，一些被敦煌"召喚"的年青人，不曉得是命運冥冥中的安排，還是被藝術震撼所感召，千辛萬苦地奔赴西北這偏遠、荒蕪的三危山畔。他們在莫高窟相遇，在這荒漠裏堅持着，守護了一輩子。他們的努力，使莫高窟的千年藝術得以重現光彩，千年壽命得以延續。

而那些年，那些人，他們的生命與莫高窟交織着，編成一篇悲壯的樂章。那些人（本篇以 75 歲以上的老人為主）如今已走到了生命樂章的尾聲，已垂垂老去，有些更已離我們而去。我們仍能從一些舊照片中，看到他們當年風華正茂，為保護這石窟寶庫而甘願奉獻寶貴青春。他們的精神同樣感召着下一代。很可惜，由於時空的交錯，我無緣在他們身邊學習，但也曾經有機會訪問過其中一些人。本篇將透過當事人的著作或作者的訪問，呈現那些年，那些人，那些事的點點滴滴……重點是介紹他們當年的生活。

往敦煌路上

今天，我們從西安、北京、蘭州等地到敦煌，坐飛機只需約三小時。但在數十年前，一班熱衷中華藝術的熱血青年，往敦煌之路卻是千辛萬苦的。他們多只能乘破舊卡車、貨車，騎自行車，有些路段甚至只能靠步行前往。他／她們一站接一站，經過一年半載，甚至更長的時間才能走到夢寐以求，同時也是"平沙萬里絕人煙"之地。且看看以下各位的描述：

"1943 年 2 月 20 日清晨，我們……一行六人，像中世紀的苦行僧一樣，……頂着高原早春的刺骨寒風，乘着一輛破舊的敞篷卡車……從蘭州到敦煌……一共走了一個來月。……汽車在寒冷的夜間行駛，戈壁灘上的風沙夾着冰冷的雪花，刀割一樣地抽打着車上的人。"（常書鴻）[1]

"從四川到敦煌去，可不是件容易事，我卻貿然挈帶家小……第一步到了廣元，住了半個月，才找到不花錢的油罐車。到了蘭州……投靠朋友，找份工作住了下來。"無法繼續前往，"主要是沒有錢……我又失業了，只好借債賣畫度日。而去敦煌的念頭卻越加強烈，簡直像一條蛇咬着不放。"（潘絜茲）[2]

　　和李浴"冒着風雪去了一次安西萬佛峽（榆林窟），牛車在沙漠裏過夜，大雪埋了我們半截身子。"（潘絜茲）[3]

| 1 | 2 | 3 | 4 |

1. 莫高窟，1907 年（Aurel Stein 攝）
2. 莫高窟，1908 年（Paul Pelliot 攝）
3. 莫高窟第 256 窟以北，洞窟加固前之外貌 1957 年 10 月 7 日
4. 莫高窟第 289 窟，洞窟加固前之外貌 1964 年 8 月 31 日

初到莫高窟（千佛洞）（四、五十年代）

窟外：

"第一眼看到的千佛洞，竟然是一片破敗荒涼的景象，一排排洞窟，有的已經坍塌，有的已被沙埋，正像一個美麗的少女，粗頭亂髮，衣不蔽體，受盡欺凌，被遺棄在這荒漠沙丘中。"（潘絜茲）[4]

"流沙籟籟在危崖上飄流，像瀑布一樣，……下層洞窟多半被沙淹埋，危岩殘壁上棧道早毀，上層洞窟大部分要從清末王道士僱人毀壁鑿成的洞穴穿過。奇異的是儘管這些破洞殘壁如此襤褸，其中的壁畫與彩塑卻處處神采奕奕，放射着誘人的藝術魅力。"（史葦湘）[5]

"敦煌藝術研究所建立之初，連上洞窟工作都非常困難的，下層洞窟被沙封堵，上層洞窟之間沒有通道，一切都得從零開始。"（孫儒僩）[6]

　　"榆林窟比莫高窟還荒涼，當年的託管員郭元亨稱榆林窟是一個'除了吃飯不張嘴'的地方，是人跡罕至的遺址。"（李其瓊）[7]

　　"……當時有些高層洞子攀登不易，……借助於一根很長的獨木梯（俗稱蜈蚣梯），險些沒失足摔下。"（李浴）[8]

1 | 2 | 3 | 4　　1. 洞窟加固前之外貌

　　　　　　　　2. 莫高窟第 263 窟，洞窟加固前之出入情況

　　　　　　　　3. 莫高窟洞窟加固施工情況 1964 年 4 月 4 日

　　　　　　　　4. 蜈蚣梯

窟內：與莫高窟藝術的邂逅

"真是百聞不如一見！對這個偉大的藝術寶庫，我過去一點支離破碎的了解，簡直太膚淺、太可憐了。……在這個偉大的民族藝術寶庫面前，我感到深深內疚的是，自己在漂洋過海，旅居歐洲時期，只認為希臘、羅馬和歐洲文藝復興時期藝術是世界文藝發展的高峰，而對祖國偉大燦爛的古代藝術卻一無所知。今天，面對祖先遺留下來的稀世珍寶，才如夢初醒，追悔莫及。"（常書鴻）[9]

"第一次進入石窟時，我被這些古老瑰麗的壁畫和彩塑驚嚇得發呆了。假若說人間確曾有過甚麼'威懾力量'，在我充滿三災八難的一生中，還沒有一次可以與初見莫高窟時，心靈上受到的震撼與衝擊可以比擬。……我是處在一種持續的興奮之中，既忘卻了遠別家鄉離愁，也沒有被天天上洞窟的奔波所苦，彷彿每天都在享用無盡豐美的綺筵盛宴。……每一個洞多像我小時候玩過的萬花筒，決不重複地變換着場景……如飢似渴的參觀，彷彿着了魔，甚至那些破牆殘壁上的一兩塊顏色，三五條線描，都會使我一顧三盼，留連忘返。"（史葦湘）[10]

"我真好像一頭餓牛闖進了菜園子，精神上飽餐了一頓。連接幾天我都在洞窟中度過，有時甚至忘記了吃飯。"（段文傑）[11]

　　"一進洞窟就像進入了極樂世界，神遊物外。……精神就來了，甚麼都忘記了，裏邊有看不完的東西，甚麼都想看，都想要……一畫入眼裏，萬事離心中。每一次都有新發現，心情特別愉快，不覺苦。"（關友惠）[12]

　　"一進洞窟，情不自禁。"（施萍婷）[13]

　　"永遠看不完，樂在其中，樂此不疲。"（李永寧）[14]

1 | 2

1. 施萍婷與作者 2011
　年 8 月 28 日 蘭州
　（高敏儀攝）
2. 李永寧與作者 2011
　年 8 月 27 日 蘭州
　（高敏儀攝）

他 / 她們的生活

住：

　　"小屋裏是土炕、土桌、土壁櫥、土書架，除了一個可以挪動的木凳，所有傢具全是用土坯壘起來的，……光潔平滑、不潮、不塌，非常適用。……事務員老范（范華）給我送來一盞銅質煤油燈。向我說這排房子是原寺院的馬房（馬廐），是每年廟會羣眾拴牲口的地方。三年前（1945年）才改造成職工宿舍。"（史葦湘）[15]

　　"為了解決第一批藝術家職工的住宿問題，爸爸決定把中寺後院的一排馬廐改造為一排每間約12平方米的小房間，分給每戶一間，還用土坯砌出了土炕、土桌、土沙發……。"（常沙娜，常書鴻女兒）[16]

$\dfrac{1}{2}$

1. 早期職工宿舍，由馬廐改造的土房子，沿用至90年代末期（高敏儀攝）

2. 土房子內貌（樊錦詩舊居）（高敏儀攝）

吃喝：

　　"喝的是苦水（鹹水），初來乍到，往往腸鳴水瀉。……半年後肚子才正常。如有首長到敦煌參觀，得從敦煌城拉水。冬天，我們在岩泉河上鑿冰沖沖，才喝上一陣子甜水。"（施萍婷）[17]

　　"一日兩餐白水煮麵條和清湯白菜、蘿蔔，維持着生命的最低要求。但是在精神上都非常富有，上洞下洞，孜孜不倦，天天如此，毫無怠意。"（史葦湘）[18]

　　"吃的是粗茶淡飯，……想改善生活，只好去掏麻雀，打鴿子。"（潘絜茲）[19]

　　"敦煌處在大沙漠裏，蔬菜奇缺，爸爸又搞來菜籽，親自帶領大家開地種菜。"（常沙娜）[20]

1/2

1. 自種糧食，自給自足 1954 年 10 月 9 日
2. 割麥收成 1964 年 7 月 24 日

於莫高窟前宕泉河破冰取水 1955 年 1 月

"這裏過的基本是集體生活，我們不用在自己家做飯了，研究所統一伙食，大家一起在公共食堂吃飯。"（常沙娜）[21]

　　"在敦煌，鹽叫鹽巴，醋是必須吃的，因為當地的水鹼性大得很，喝水的玻璃杯上滿是白印，凝固的都是水中的鹼。"（常沙娜）[22]

　　"1959 年夏天，我和史葦湘等三人和一做飯的工友鞏金到榆林做臨摹工作。當時的糧食是有定量分配的，每人一斤（每人每餐只有 3.3 兩麵粉）。其實是不足夠的，所以工友常常要挖野草，那野草稱灰條，味澀，不宜人吃，一般用來餵豬的。在用膳時，鞏金往往吃到中途就不吃了，當時不明白，後來才知道，其實他沒吃飽，寧願自己少吃，讓這些年青人吃得飽一點，因為他們的工作很重要。""所以，沒有工人們的支持就不能成就敦煌事業。"（關友惠）[23]

　　"鞏金不識字，在莫高窟做保衛工作，許多樹是他種的。晚上澆水，澆到哪睡到哪。"（關友惠）[24]

　　他同時是"農場種地的組織者、帶頭人，也是最主要的勞動力。耕、播、收、打均需他親力去做。他的話不多 …… 做活總是先別人早到工地，下班最後一人離開。…… 從不釋閒。在他的帶領下，…… 職工膳食得到很好的改善。"（關友惠）[25]

"那時（50 年代），從莫高窟到敦煌市買東西，馬車要走半天，第二天採購，第三天回來。……糧食不夠，有時挖野菇，採集草籽，或到宕泉河挖鎖陽，拌麵條來吃。"（鞏金）[26]

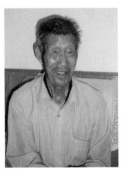
鞏金（高敏儀攝）

"保衛工作是晚上進行的。一班十人，拿手槍。到南北區 1.7 公里巡視，走一趟要一小時。一有空我就到每一洞窟做檢查。"（鞏金）[27]

鞏金，1925 年生，60 歲退休後被反聘十多年。他很希望留在敦煌，直至眼睛不好，視力不足才真正退下來，2013 年 6 月去世。

另一老工友（事務員）范華（1925 年生）也是對莫高窟忠心耿耿，矢志不渝。他是敦煌人，曾在酒泉，唸過高小，1944 年因逃兵役到了莫高窟。當時是國立敦煌藝術研究所（國民黨不會到研究所抓兵的）。他在莫高窟 60 年，主要是當雜務工人。退休後也不願意離開千佛洞，還在那兒留了 20 年。"退休後，我仍天天上洞窟。""我是因看到常老對千佛洞的熱誠奉獻所感動的。以前有人請我去農村當老師，或做更好的工作，我都不去。常老的名言是：'千佛洞一定要好好保護。'十七洞的珍藏許多已給別人拿去了，千佛洞更不能丟掉。"（范華）[28]

（范華與作者 2011 年 8 月 31 日敦煌（高敏儀攝）

抗戰勝利前一個多月，"國民政府教育部剛剛發佈命令，撤銷敦煌藝術研究所，而且停發經費。"（常沙娜）[29]

"常書鴻到城裏借錢買米，讓大家喝上稀粥苦度光陰，然後跑到陪都重慶去奔走呼號，終於使中央研究所把敦煌藝術研究所接受下來，算是又找到了個後娘，養活了我們這些沙漠孤兒。"（潘絜茲）[30]

"常老去重慶時，是變賣家當（好的衣服、毯子、西裝等）來籌備路費的。臨行時，他囑咐我和竇占彪（所裏的木工泥匠）一定要好好保護千佛洞，並說他一定會回來的。那一刻他哭了。這是我第一次見到他流淚……"（范華）[31]

"聽不到新聞廣播，看蘭州報紙要隔十多天。電影和戲劇更和我們絕緣，完全處在與世隔絕的情況。"（潘絜茲）[32]

關友惠（高敏儀攝）

"當時到莫高窟的人非常少，有人到來就是新聞，有汽車來更是大新聞。"（關友惠）[33]

"地勢關係，連收音機也收不到，沒有電話，直到70年代才有。以前即使有，也無法正常運作。"（關友惠）[34]

李雲鶴與作者 2014 年 4 月
28 日 敦煌（楊秀清攝）

"郵政方面，從敦煌城到莫高窟是一週一次。70 年代前是騎毛驢送郵件的。"（關友惠）[35]

"人人對洞窟都很熟悉，每個人都可成為講解員。"（關友惠）[36]

"我們在千佛洞消息閉塞，日本投降後十多天，才從參觀者口中得知這個喜訊。我們奔走相告，欣喜若狂。"（潘絜茲）[37]

"72 年自己發電，但發電機常有故障，換零件一擱幾個月，……雖說有電，但有名無實的。"（李雲鶴）[38]

"說到電燈吧，是到了 1981 年才暢通的。"（樊錦詩）[39]

"敦煌缺水，不能洗澡，只能擦澡，一盆水擦臉、擦身、洗腳，還捨不得倒掉，得派作其他用場。"（常沙娜）[40]

"很少洗衣服，十天半月才洗一次。"（李雲鶴）[41]

"冬天很冷，睡醒時，有時眉毛、頭髮都結了冰霜。最低溫度為攝氏 –24 至 –25 度。"（李雲鶴）[42]

"常老直到文革前還是冷水浴。每天七時一定做早操，鍛鍊身體，數年如是。"（關友惠）[43]

"也有人吃不了苦而離去，但很少數。留下來的真的有感情。"（李雲鶴）[44]

段兼善與作者 2011 年 8 月 27 日 蘭州（高敏儀攝）

"這裏交通不方便，人們許多時是走路進敦煌城，如穿過鳴沙山走捷徑，要 30 華里，約 4 小時，走大路 50 華里，走 6 至 7 小時。"（段兼善，段文傑兒子）[45]

"1965 年，莫高窟迎來了第一輛轎車（約可容納二十多人）。為了紀念昔日步行進城的小路，也為了紀念結束徒步的歷史，常書鴻先生帶領我們沿鳴沙山東麓的小路作最後一次進城，然後坐着新車回莫高窟。"（施萍婷）[46]

$\dfrac{1}{2}$

1. 常書鴻帶領職工在莫高窟前
   做早操 1959 年 5 月 31 日

2. 敦煌文物研究所職工列隊徒
   步進城，右起第一人為樊錦
   詩 1965 年 9 月 30 日

"研究所的工作號令是敲鐘，每天大家聽見鐘聲就都進洞了，臨摹的臨摹，調研的調研，各忙各的。"（常沙娜）[47]

"當時是上午 8 時敲鐘進洞，12 時打鐘午飯。但我們從不提早離開，即使打鐘吃飯仍不願離開。早上不到 8 時已在洞窟開工了。"（關友惠）[48]

"人們常常能聽到臨摹工作者，保護工作者從窟內傳出川劇、秦腔、民歌、小調。他們面對佛、菩薩，有時竟那樣忘情。"（施萍婷）[49]

"每年春節我們還上映節目，不過表演者比台下觀眾更多。"（關友惠）[50]

李永寧（（高敏儀攝）

"我們組織合唱團，還到城裏比賽，都把獎拿走了。"（李永寧）[51]

"文化大革命期間，莫高窟也分成兩派，奇怪的是兩派的共同目的是，不離開莫高窟，好好保護她。"（關友惠）[52]

"更奇怪者，北京大學來的紅衛兵，到莫高窟一看，也給我們吩咐：你們一定要保護好莫高窟！"（施萍婷）[53]

在敦煌工作的人員，生活雖艱苦，但他們均不覺得苦。然而，他們都是有家庭的人。"在子女上學和教育問題上，留給他們永遠的傷痛。"（金長明）[54]

"我至今對這個家懷有深深的歉疚，尤其是對孩子。"（樊錦詩）[55]

1963 年自北京大學考古系畢業後，樊錦詩被分配到敦煌工作。1967 年與大學同學彭金章結了婚。彭金章在武漢大學歷史系任教。1976 年，創辦武大考古專業，他主講夏商周考古學。兩人分居二地。後來有了孩子，由於在敦煌很難找保母，"只好讓丈夫把孩子帶走。後來有了第二個孩子，又不得不把小兒子寄養在上海的姐姐家。就這樣，一家人分居在敦煌、武漢、上海三地。"（樊錦詩）[56]

1965 年的樊錦詩和彭金章

"晚上我從所裏回家，看到職工宿舍一家一戶的窗口都亮着燈光，每一家都團團圍坐着。……我真羨慕，苦澀的淚水直往心底裏流……我們家四個人……相隔千里，天各一方。"（樊錦詩）[57]

"我愛兒子，也需要兒子愛；我愛丈夫，也需要丈夫愛我。……我一個人在敦煌，那麼多人為我作了犧牲。我是一個不稱職的妻子，也是一個不合格的母親。"（樊錦詩）[58]

以下是三封 1983 年丈夫彭金章、大兒子予民及姐姐寫給樊錦詩的書信。

"錦詩：為配合一項基建工程，文化部文物局要我們派人參加考古發掘，……由我帶幾名學生去突擊。本月中旬就動身，時間大約半年。對此，予民很有意見……。今年下半年，是他初中畢業前的關鍵時刻，我們都不在，對孩子確實有影響……。予民看到別人一家一戶搬進了家屬區，對你不調來很有意見，說：'媽媽還不調來，要是來了，我們也有房子。'他還擔心明年初中唸完時不准畢業，不准升學，因為他的戶口不在武漢……。金章 1983.7.1"[59]

"媽媽：我們學校考完試放暑假了。我這次考得不好，英語開了紅燈，我很慚愧，也很着急。原想利用暑假好好補習一下，可爸爸又要帶學生出去考古，這一走又是半年。媽媽，您哪時候才能調來？您明年一定調回來吧！媽媽，我想您啊……。　　予民 1983.7.4"[60]

"錦詩妹妹：您究竟準備甚麼時候調回武漢？你們一家甚麼時候才能團圓？你那個寶貝兒子（寄住在上海姐姐家的小兒子曉民）越大越調皮，三日兩頭闖窮禍，誰也管不了。他老不在父母身邊，總是個問題啊……。　　姐姐 1983.7.15"[61]

1 | 2 | 3   1. 樊錦詩和彭金章在上海周莊合影 2004 年 3 月

2. 彭金章在莫高窟在北區（高敏儀攝）

3. 彭金章與李美賢 2011 年 9 月 2 日 莫高窟北區（高敏儀攝）

"你知道嗎？孩子不見了，原來他跑去火車站，說要乘搭火車去找媽媽！"（樊錦詩）[62]

面對家庭、丈夫、兒子的矛盾，可以想像樊錦詩心中的負擔有多沉重。當時，所屬單位也有其規則，不是說走就走那麼容易。為此，她特別感謝丈夫的支持："如果說愛人不支持我，那我肯定就要離開敦煌了，我還沒那麼偉大，為了敦煌我不要家，不要孩子。我不是那種人。""有內疚，肯定有內疚……所以我說，像這樣的丈夫確實打着燈籠很難找。"（樊錦詩）[63]

兒子在 1983 年 7 月 4 日給媽媽的信，在 1984 年 1 月 3 日《光明日報》以"敦煌的女兒"中報道了。"彭金章才從報紙上第一次知道有過這樣一封信。這封信觸動了彭金章，他決定放棄武大的考古教學去敦煌。武大堅決不同意，就想讓樊錦詩調來。在長達幾年時間裏，雙方單位都派出了三次人，形成拉鋸戰……直到 1986 年，……他才被准許調至敦煌。" [64]

19 年的"分居"生活，一家終於團聚了。之後，彭金章在敦煌荒蕪的北區做了長達七年的考古發掘，確定了該區洞窟的性質和功能，為敦煌石窟的研究作出了巨大貢獻。

臨摹壁畫

早期臨摹壁畫，不是我們想像中那麼簡單容易的。首先，在沒有棧道的高處洞窟，如何把畫具帶進洞窟？

"當時一些有重要壁畫的洞窟大多道路不通，孤懸在崖壁上⋯⋯。要臨摹一幅壁畫，是一次艱苦的體力奮鬥。⋯⋯大家齊心協力，搬運一根五米多長的獨木梯（蜈蚣梯）⋯⋯，先將梯子放進洞口，上去一個人，並用繩子把畫板、畫架、顏色箱、水瓶、水罐，一一吊上。"（史葦湘）[65]

上世紀四、五十年代，由於得不到應有的經費，畫板、畫架、紙筆墨均甚為缺乏。

"連硬化變質的馬利牌廣告顏料也成了寶貝。為了克服這些困難，我們學會了矾紙、托裱、修筆和發明就地取材，用紅土、黃土、大白等當地材料。每當一天工作完了之後，聚在一起談天，大家手捧一碗土顏料磨研，這幾乎也成了一種生活樂趣。"（潘絜茲）[66]

"敦煌的氣候冬天特別長，十月就結冰了。顏料凝結，手指僵硬。⋯⋯為了防凍，董希文發明用燒酒調色。"（潘絜茲）[67]

"有一年冬天，她（歐陽琳）和同事李其瓊在 420 窟臨摹，顏料凍得很硬，只能用煤氣來烤，洞窟裏通風不暢，兩人煤氣中毒，緊急搶救才脫離危險。"（史葦湘）[68]

1952 年以後，國家給予照顧，繪畫材料得以提升，已採用礦物顏料了。

"張大千在千佛洞臨摹壁畫的時候，都是用圖釘把拷貝紙按在壁畫上拓稿，這樣出來的稿子很準確，但圖釘不可避免地在牆上鑽出小孔，破壞壁畫，因此爸爸給研究所作出了明確規定，並一再強調：為了保護壁畫，臨摹一律採用對臨的方法，不許上牆拓稿。"（常沙娜）[69]

"人手和筆隔着一層薄薄的紙在壁畫原作上按來按去，劃來劃去，必然對壁畫造成傷害。這種'印稿法'絕對不能再使用，只能用寫生的辦法進行臨摹。挪動梯子、板凳、畫板等用具時，一定要小心謹慎，不能碰在洞壁上，以免損壞壁畫。在洗筆蘸色等過程中，絕不能把顏色甩到壁畫上。對臨摹的作品一定要注意忠於原作，不能用現代人的造型觀點和審美觀念去隨意改動古代壁畫上的原貌。"（段文傑）[70]

"直到 1955 年，有了幻燈機放大畫稿才可作整幅臨摹。"（關友惠）[71]

"洞窟大都很暗，……我們常常要一隻手拿洋蠟燭或油燈，一隻手作畫。燈光照明面積很小，而有的洞窟很高大，要用梯子爬上去看一眼，再爬下來畫幾筆。有一回我臨一個洞窟高處的壁畫，梯子在地面夠不着，就把它架到桌子上再爬上去，結果梯子在桌面上滑倒了。我從高處摔下來，梯子頂了我胸部，當場就昏厥了，過了許久才甦醒過來。"（潘絜茲）[72]

"那些大洞窟，高而深，洞口小，裏面光線就暗。我們想出了一個'借光法'，用鏡子在洞外把陽光反射到洞子裏的白紙板上，這樣整個洞窟就亮起來了。不過這個方法比較麻煩一點的是，要隨太陽的腳步移動鏡子，以適應陽光的折射角度。"（段文傑）[73]

"有些無法採用'借光法'的洞子就只有秉燭作畫了。高處看不清，則要架起人字梯，爬上去看看，再下來畫畫，有時為了畫好一個小局部，要這樣折騰許多次。畫低處的局部還要在地上鋪上毯子或布，人要趴臥在地上作畫。所以，在石窟洞裏作畫是很辛苦的，不僅要用腦力，還要用體力。"（段文傑）[74]

"臨摹藻井是要打架子的。"（關友惠）[75]

"畫窟頂的藻井，仰頭低頭很快頸部酸痛，就用鏡子返照來臨摹。"（潘絜茲）[76]

"通過臨摹，我們體會到古代藝術匠師艱苦卓絕的創造精神。"（潘絜茲）[77]

"經過細緻的臨摹，才能真正理解一片壁畫，領會一座洞窟。……每一根線條看起來或許平淡無奇，真要落筆時才能體會一千年前古人的良苦用心。"（潘絜茲）[78]

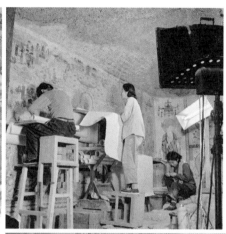

1 | 2

3

1. 臨摹第 196 窟西壁壁畫
   1955 年 8 月 18 日

2. 李承仙、歐陽琳等在榆
   林窟第 25 窟北壁臨摹
   〈彌勒經變圖〉1956 年 7
   月 31 日

3. 在榆林窟夜間工作情況
   1953 年 10 月

李其瓊（蔡慕貞攝）

"臨摹工作必須以研究為基礎，……掌握壁畫製作規律，……通過臨摹又加深了對壁畫的認識，……這樣研究臨摹、臨摹研究，反覆不已，就把對敦煌藝術的認識不斷推向前進。"（李其瓊）[79]

段文傑認為臨摹前的研究工作要注意三方面：

"一是了解臨摹對象的思想內容，認識古代畫師所創形象的來源和根據（如佛經的研讀）：……二是辨別各時代壁畫的風格特點……；三是弄清各時代壁畫製作的程式和方法。"（段文傑）[80]

"色彩的暈染也是敦煌壁畫塑像的重要環節。在分析了色彩的演變規律和時代特徵的基礎上，又總結了古代畫師賦彩程式和方法……才能表現出色薄味厚，有血有肉的質感。"（段文傑）[81]

段文傑在第 285 窟臨摹壁畫 1955 年 5 月 26 日

"只有在光線很好的時候才能隱約辨別出色彩的複雜層次，以及蘊含其間的微妙動態。"（潘絜茲）[82]

"傳神：是通過人物的眼睛和五官肢體的動態變化來表達的。關鍵在眼神，所以敦煌畫師在藝術實踐中創造許多畫眼的程式，⋯⋯如喜悅、沉思、慈祥、憤怒、哀愁等都有特殊造型⋯⋯，但沒有五官和身姿手勢的配合，也很難深刻展現人物的精神狀態。"（段文傑）[83]

談到臨摹程序，李其瓊認為有幾個應注意的問題：

李琪瓊與李美賢 2011 年 8 月 28 日 蘭州（蔡慕貞攝）

"1. **讀畫**：了解壁畫的時代、內容、主題思想、人物造型特徵、結構形式、線描特點、賦彩等。⋯⋯這樣比較容易做到忠於原作精神⋯⋯。

2. **起稿**：⋯⋯鉛筆稿完成後，再用毛筆描成白描正稿，然後印描到宣紙上，裱上畫板，進入上色階段。

臨摹起稿是要經過以下程序的：先用投影機把壁畫投射到白紙上，然後用鉛筆把壁畫線條描出來。之後把線描稿移至洞窟中，面對壁畫實地校對，把殘缺部分修

正。其後用毛筆（墨線）把鉛筆線鈎出來成為白描，是為底稿。再用宣紙在底稿上印描（拷貝）出來，是為正稿。之後再上色（一般暈染要五、六層左右。）所以，臨摹一幅壁畫要三至四年甚至更長時間。

1｜2

1. 關友惠、史葦湘、霍熙亮在莫高窟第 249 窟修稿 1956 年 3 月 23 日
2. 史葦湘、歐陽琳在臨摹壁畫——起稿（印描）1956 年 9 月

3. **線、色、神三方面：**

- 線：……線描是隨着時代的不同而變化的。……必須掌握壁畫具體描線的方法，如起筆、收筆、抑揚頓挫等。特別是長線的描法，如飛天的飄帶、菩薩的披巾……往往不能一筆描成，必須中途停頓，調整筆毫，接力再描；有的則需從兩端開始，中間交接，運筆時必須豪放圓轉，氣脈相連而不露痕跡。……

- 色：……必須了解各時代色彩審美的變化，更重要的是掌握賦彩的具體方法。……早期壁畫起稿簡略……，賦彩多用塗色法，即不受畫稿約束。……唐代以後，起稿精確……，賦彩多用填色法。……因而唐代以後的色彩就以工整嚴密、繁華富麗見長。……

- 神：‘以形寫神’，‘形神兼備’是我國繪畫藝術的最高要求，也是品評繪畫優劣的標準。……能不能把壁畫上栩栩如生的神態移置到臨摹上來，是決定臨本質量的關鍵，也是臨摹工作者的‘尖端’研究深題……。

李其瓊在第 427 窟臨摹 1955 年 10 月 11 日

總而言之，只有在造型準確、線描流暢、賦彩瑩潤、神采生動的條件下，才有可能臨摹出達到亂真水平的臨本，才能通過臨本給人們以古代藝術的審美享受。"（李其瓊）[84]

為了達到更高的臨摹水平，當年的美術工作者，一點不敢鬆懈。

"晚上，大家清閒下來，……爸爸就組織畫速寫，就在中寺前後院之間的正廳，兩頭連掛兩盞煤油燈，請當地的老鄉做模特兒，大家圍在那裏畫，氣氛非常好。"（常沙娜）[85]

"我利用休息時間，把線描、暈染、傳神的運筆技術進行了反覆的練習……，比如像頭髮、面相、手姿、衣服等，有時在廢紙上都不知道練習了多少遍，直到熟練掌握為止。"（段文傑）[86]

"有時一個頭像反覆練習達數十次之多……，使之爛熟於心，……具有十分把握時才在臨本上落筆。"（李其瓊）[87]

1│2

1. 段兼善（高敏儀攝）
2. 關友惠在段文傑臨摹的〈都督夫人禮佛圖〉前解釋線描的技法（高敏儀攝）

　　段兼善認為"父親（段文傑）對臨摹的要求：準確、忠於原作，形神兼備，水平不能低於原作。這才對得起文化遺產，對得起觀眾。"（段兼善）[88]

　　"段文傑把壁畫當作文物來研究，而非只藝術的表達。"（段兼善）[89]

　　"臨摹是一種研究和藝術的流動，非作坊工藝的生產！"（關友惠）[90]

　　"臨摹最困難是描線，不能改動，所以，臨摹者要每天晚上練書法，練習線條。為了節省紙張，第一次用淡墨，第二次用深墨，第三次用濃墨；然後再反過來用紙張的背面來練習，練筆力和腕力。還有練長線、'接力線'，要一氣呵成，天衣無縫，氣韻貫通，沒有強厚的基礎功力是做不到的"（關友惠）[91]

　　"運筆就是運力，運力就是運氣，運氣就是運情。一定要有感受和韻味，不然就是僵氣。"（關友惠）[92]

1 | 2 | 3

1. 李其瓊在第 329 窟臨摹西壁龕頂壁畫 1955 年 7 月 20 日

2. 李其瓊在臨摹壁畫 1984 年 7 月 10 日

3. 李其瓊在臨摹壁畫

"還要控制情緒，有蚊子來叮，千萬別生氣！"（關友惠）[93]

"一個人在洞窟臨畫非常安靜。除了偶爾可以聽到窟外樹葉經風吹動輕輕的沙沙聲，就只有畫筆運行時發出的氣息和心音。臨畫思想高度集中時，有時會忘掉自己。…… 多數人沒有手錶，…… 大家也養成了憑感覺定時作息的習慣，上下班時間相差不了十分鐘。"（關友惠）[94]

"只有到了敦煌，親身實踐，才懂得古代畫工的辛苦，……沒有摩頂放踵的吃苦精神，俯仰伸屈的艱苦勞作是畫不出來的。"（史葦湘）[95]

從事臨摹的藝術家／畫家們，在辛苦練就"一身武藝"後，把藝術家最重要的自我和個性收藏起來，謙卑地追隨着古代畫師的筆法和風格。他們一輩子默默耕耘，無怨無悔，為敦煌藝術的保護和研究作出巨大無私的奉獻！

維修與保護

　　40年代的莫高窟是荒涼破敗不堪的。洞外棧道早已毀去，下層洞窟為流沙及土台封堵。1920年，沙俄白軍殘部數百人居住在洞窟內，燒飯、塗抹、刮剝，使許多塑像被破壞，壁畫被燻黑。加上長期以來自然環境的影響，如地震、溫度、濕度、日照、風沙、蟲害等，對壁畫構成嚴重的傷害。40年代敦煌藝術研究所成立後，即着手處理各種維修保護工作。

孫儒僩（高敏儀攝）

　　"修建圍牆（護土牆，二米高，一千多米長）是常書鴻所長1943年初到敦煌的第一件大事。……防止牲畜進入窟內。"（孫儒僩）[96]

　　洞窟裸露在外，常書鴻為了保護洞窟，"當時沒有經費，常先生在敦煌縣城動員士紳官商們做功德捐獻窟門，大概做了大小不等的幾十副洞窟門，一直使用到60年代加固工程時才拆除。"（孫儒僩）[97]

　　當時經費缺乏，環境艱苦，"又沒有前人經驗可借鑑，無從下手，一切從零開始。"（孫儒僩）[98]

1. 沙俄白軍在莫高窟前合影 1920 年

2. 圍牆

此外，還修造臨時棧道、崖體加固工程、清理窟前積沙，崖頂挖沙溝建防沙牆，讓崖頂積沙流放下來。還有拆除多個擋住下層石窟的土台，清理出 20 多個洞窟。可惜被流沙掩埋的下層石窟"壁畫和塑像已經全部損壞了。"（孫儒僩）[99]

"土法上馬…… 因陋就簡，就地取材。"（史葦湘）[100]

石窟保護專家孫儒僩當年生活非常艱苦，半年沒發工資，靠自己種糧食麥子蔬菜來過日子。……解放初期，也曾想過離開敦煌，返回四川。"沒有足夠旅費。家裏勉強湊了點錢給他匯去，可是他的嫂子不識字，把'敦煌藝術研究所'寫成'東方藝術研究所'，他收不到錢。數月後這筆錢退回家裏時，因通貨膨脹已不值錢了。"（孫儒僩）[101] 也就這樣，他在敦煌留了下來，為莫高窟的保護作出了重大貢獻。

1	2	3
4		5

1. 莫高窟崖面維修 1948 年
2. 莫高窟第 194 窟清除窟頂積沙 1959 年 4 月 16 日
3. 僱用農民的幾十輛大轱轆牛車運走積沙 1954 年
4. 莫高窟第 154 窟前清除積沙
5. 石窟前發掘

李雲鶴（楊秀清攝）

竇占彪與李雲鶴在上世紀四、五十年代已為莫高窟做保護修復工作，也是這方面很成功的專家。"50 多年前，李雲鶴第一次走進 161 窟時，……滿窟的壁畫起甲嚴重，窟頂和四壁彷彿沾滿殘破的羽毛。人在洞窟裏走動，壁畫的碎片就像雪片一樣墜落。"（李雲鶴）[102]

"沙塵卻彷彿永遠都打掃不完……站在這裏，還會有沙子從頭頂灌下來。剛剛清掃乾淨，狂風又會攜着大漠深處的沙塵洶湧而來。"（李雲鶴）[103]

"窟頂的壁畫空鼓嚴重，幾平方米壁畫忽然砸下來，起甲的壁畫紛紛脫落，一千年的斑駁色彩落在地上，灰飛煙滅，滿窟的塑像東倒西歪，……當時沒有方法，沒有材料，更沒有技術，真是一窮二白。"（李雲鶴）[104]

自製維修工具（楊秀清攝）

在沒有辦法下，他們唯有以土辦法創製了一些維修工具和方法，發覺十分有效。就這樣，李雲鶴以兩年時間修復了 161 窟，是第一座自主修復的洞窟，也是敦煌壁畫修復保護的起點。

"1965 年，在 161 窟修復時，忽然聽到一聲巨響，趕快跑下來，在 130 大佛窟北壁一大片（約 2 平方米）的壁畫掉到地上，即向常書鴻院長反映。之後，馬上搶救。與竇占彪想辦法，'先救命，後治病'。用鉚釘（25~30 厘米）固定，鉚釘（桿）外帶螺帽、帽外裝十字鐵板，用螺栓固定，效果很好。50 年來保證了此窟壁畫的安全。"（李雲鶴）[105]

220 窟（初唐）甬道表層是宋代壁畫，下面藏著中唐、晚唐、五代的壁畫。70 年代，李雲鶴和竇占彪二人對甬道壁畫進行整體搬遷，將表層宋代壁畫外移，使之與下層的中、晚唐、五代壁畫同在一平面上展現。這是莫高窟第一次的壁畫搬遷工程，很成功，他們二人功不可沒。

$\frac{1}{2}$

1. 莫高窟第 130 窟南披，以鉚釘加固壁畫 1966 年 3 月

2. 竇占彪在莫高窟第 427 窟修復菩薩像 1965 年 3 月 9 日

竇占彪，1917 年生，49 年前來到敦煌當公安 / 保衛，解放後進入敦煌研究院。

"他性格開朗，雖未上過學，但非常聰明，勤勞手巧，工作認真，樂於助人。莫高窟許多的泥、木工程及修復工作都是他做的。如修台階、搭大小型的架子，莫高窟最早的木門是他造的。尤其是對東歪西倒的佛、菩薩塑像，他都能有辦法在不影響原作情況下使之恢復原位。"（李雲鶴）[106]

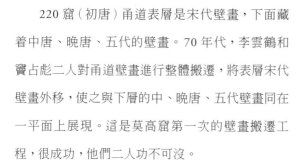

在莫高窟第 130 窟搭架修復壁畫

1965 年，在 130 大佛窟"竇占彪同志在搭架過程中，在南壁一個小孔洞中發現了一卷唐代絲綢製作的畫幡。上有開元年號。"（孫儒僩）[107]

　　"孔內堵塞殘幡等絲織物一團，經整理共為 40 件……。開元十三年（725 年）發願文幡。"[108]

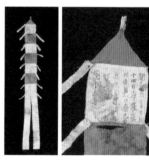

唐代開元十三年發願文彩色絹幡
162 公分（長）×15 公分（寬）

　　李雲鶴還說到竇占彪的一則趣事："他雖不識字，但懂得拼音。有一次，他給他愛人寫信，是用拼音寫的。他愛人看不懂，叫我給他讀……"有沒有情話綿綿？"有啊，哈哈！"（李雲鶴）[109]

　　在洞窟工作，爬高爬低有沒有意外？"有呀，78 至 79 年，在修復 85 號大洞窟頂部壁畫時，搭了架子，要躺着來工作。一個不小心，翻身掉了下來！剛好掉到大佛（塑像）頭頂上，沒事！還有許多次有驚無險的意外，幸好沒事，佛祖保佑啊！哈！哈！"（李雲鶴）[110]

敦煌的魅力在哪？且聽聽莫高窟人的心聲

"如果真的再來一次重新來到這個世界，我將還是'常書鴻'，我要去完成那些尚未完成的工作。"（常書鴻）[111]

"人的確很奇怪，有時明知道前面要受磨難，卻偏要去做。是崇高的信念和遠大的目標成就了人類這種不怕困難的精神，還是冥冥中總有甚麼在前路指導？"（段文傑）[112]

"沒有可以永久保存的東西，莫高窟的最後結局是不斷毀損，我們這些人用畢生的生命所做的一件事就是與毀滅抗爭，讓莫高窟保存得長久一些再長久一些。"（樊錦詩）[113]

"莫高窟對於中國人的價值，不是任何物質財富可以衡量的。……"（史葦湘）[114]

"作為代表民族文化的實體，你是一代又一代有血有肉，有創造力和想像力的先民製作出來的。"（史葦湘）[115]

"也許就是這一點'一見鍾情'與'一往情深'造就了這四十多年我與敦煌石窟的欲罷難休……"（史葦湘）[116]

　　"莫高窟是我國美術史上唯一保存着北朝至唐宋時期大量藝術真跡的殿堂。"（李其瓊）[117]

　　"我們的物質極端貧乏，生活極端困苦，可是精神卻極端愉快。因為敦煌藝術把我引導到另一美好的世界。"（潘絜茲）[118]

　　"這批莫高窟退休老人，遷到蘭州，他們一般大門不出，二門不邁，退休相當於把單位的那一堆破書殘卷，移到自家臥室，各家都在做莫高窟的那些事。"（金長明）[119]

　　"人，就是怪，有人身在福中不知福，也有人身在苦中不知苦……"（施萍婷）[120]

施萍婷（蔡慕貞攝）

"無怨無悔，他們多半沒有甚麼豪言壯語，也不善於名利場上的追逐……他們與敦煌同呼吸共命運，他們對敦煌如癡如醉，忠貞不二。要問為甚麼，那就是因為敦煌有一個值得為之獻身的地方！"（施萍婷）[121]

生活雖艱苦，但樂在苦中。"四、五十年代來敦煌的人，生命力特強，生活條件差，但因全心全意地投入，別無雜念，無慾無求，祥和樂觀！加上體力勞動（如耕種、清沙、打水、磨麵、步行進城等），有助健康。"（段兼善）[122] 難怪莫高窟老人普遍都達至耄耋之年（右頁附表）。

今天，莫高窟的各方面——崖頂治沙、崖體加固、壁畫維修等已以先進的科技得以保護下來，成果更達到世界級水平。這一切一切得感謝一代又一代的莫高窟人，他們對信念的堅持，艱苦奮鬥，把一生的精力無私地奉獻給莫高窟。他們這種精神還在延續着，代代相傳至今。他們和古代那些不曾留下姓名的藝術家和工匠們，就像莫高窟夜空上閃爍的星星，永遠拱照着護佑着這千年藝術寶庫！

* 文內照片，除經已註明，其餘皆由敦煌研究院提供。

附表

部分莫高窟老前輩的年歲記錄

	生	卒	壽歲	年歲
常書鴻	1904 年 4 月	1994 年 6 月	90	
李貞伯	1914 年 9 月	2004 年 6 月	90	
霍熙亮	1915 年 1 月	2005 年 9 月	90	
竇占彪	1917 年 2 月	1990 年 1 月	75	
段文傑	1917 年 8 月	2011 年 1 月	94	
萬庚育	1922 年 1 月	---		92
歐陽琳	1924 年 1 月	---		90
徐春霞	1924 年 1 月	2010 年 2 月	86	
史葦湘	1924 年 3 月	2000 年 1 月	76	
孫儒僩	1925 年 1 月	---		89
李其瓊	1925 年 2 月	2012 年 10 月	87	
翟 金	1925 年 5 月	2013 年 6 月	88	
范 華	1925 年 5 月	---		89
賀世哲	1930 年 12 月	2011 年 3 月	81	
常沙娜	1931 年	---		83
鄭汝中	1932 年	---		82
關友惠	1932 年 1 月	---		82
李永寧	1932 年 1 月	---		82
施萍婷	1932 年 9 月	---		82
李雲鶴	1933 年 9 月	---		81
譚蟬雪	1934 年	---		80
李正宇	1934 年 1 月	---		80
彭金章	1937 年 11 月	---		77
劉玉權	1938 年 2 月	---		76
樊錦詩	1938 年 7 月	---		76
張伯元	1939 年 11 月	---		75

• 截至 2014 年 7 月　　• 排名按出生年份

註：

1. 常書鴻：《九十春秋——敦煌五十年》（北京：北京大學出版社，2011 年），頁 71~73。

2. 潘絜茲：〈敦煌的回憶〉，載姜德治、宋濤編，《莫高窟記憶》（甘肅：甘肅人民出版社，2009 年），頁 80。

3. 同註 2，頁 85。

4. 同註 2，頁 82。

5. 史葦湘：〈初到莫高窟〉，敦煌研究院編輯部編：《敦煌研究》，1994 年第 3 期。

6. 孫儒僩：《敦煌石窟保護與建築》（甘肅：甘肅人民出版社，2007 年），頁 47。

7. 李其瓊：〈回眸敦煌美術工作〉，敦煌研究院編輯部編：《敦煌研究》，2004 年第 3 期，頁 30。

8. 李浴：〈一段重要而難忘的經歷〉，載姜德治、宋濤編：《莫高窟記憶》（甘肅：甘肅人民出版社，2009 年），頁 91。

9. 同註 1，頁 79、82。

10. 同註 5，頁 46~47。

11. 段文傑：《敦煌之夢》（上海：江蘇美術出版社，2007 年），頁 14。

12. 關友惠訪談記錄，2011 年 8 月 28 日，蘭州。

13. 施萍婷訪談記錄，2011 年 8 月 28 日，蘭州。

14. 李永寧訪談記錄，2011 年 8 月 27 日，蘭州。

15. 同註 5，頁 45~46。

16. 常沙娜：《黃沙與藍天：常沙娜人生回憶》（北京：清華大學出版社，2013 年），頁 59。

17. 施萍婷：〈打不走的莫高窟人〉，載敦煌研究院編輯部：《敦煌研究》，1994 年第 2 期。

18. 同註 5，頁 47。

19. 同註 2，頁 83。

20. 同註 16，頁 56。

21. 同註 16，頁 54。

22. 同註 16，頁 54。

23. 同註 12。

24. 同註 12。

25. 關友惠：〈莫高窟人的生活往事〉，載敦煌研究院編輯部：《敦煌研究》，2014 年第 3 期。

26. 翟金訪談記錄，2011 年 8 月 31 日，敦煌。

27. 同註 26。

28. 范華訪談記錄，2011 年 8 月 31 日，敦煌。

29. 同註 16，頁 73。

30. 同註 2，頁 83。

31. 同註 28。

32. 同註 2，頁 83。

33. 同註 12。

34. 同註 12。

35. 同註 12。

36. 同註 12。

37. 同註 2，頁 85。

38. 李雲鶴訪談記錄，2014 年 4 月 29 日，敦煌。

39. 吳曉民：〈敦煌的女兒〉，《光明日報》，1984 年 1 月 3 日。

40. 同註 16，頁 54。

41. 同註 38。

42. 同註 38。

43. 同註 12。

44. 同註 38。

45. 段兼善訪談記錄，2011 年 8 月 27 日，蘭州。

46. 同註 17。

47. 同註 16，頁 55。

48. 同註 12。

49. 同註 17。

50. 同註 12。

51. 同註 14。

52. 同註 12。

53. 同註 17。

54. 金長明：〈他們和莫高窟的故事：莫高窟人的晚年生活〉，薛東明編輯，據《蘭州晚報》，中國甘肅網整理，2011 年 5 月 4 日。

55. "面對面"，中央電視台，2004 年 1 月 31 日。

56. 辛夷：〈敦煌的女兒樊錦詩〉，甘肅省投資學會編，《西部論叢》，2004 年 2 月。

57. 同註 39。

58. 同註 39。

59. 同註 39。

60. 同註 39。

61. 同註 39。

62. 樊錦詩訪談記錄，2014 年 6 月 28 日，莫高窟。

63. "面對面"，中央電視台，2004 年 10 月 25 日。

64. 夏楠：〈留守田野 北區石窟 彭金章〉，現代傳播集團編，《生活月刊》，第 101 期別冊，2014 年 4 月，頁 34。

65. 同註 5，頁 49。

66. 同註 2，頁 83~84。

67. 同註 2，頁 84。

68. 張泉：〈172 窟 史葦湘 歐陽琳 無邊的夢寐〉，現代傳播集團編，《生活月刊》，第 102 期別冊，2014 年 5 月，頁 22。

69. 同註 16，頁 58。

70. 同註 11，頁 18。

71. 同註 12。

72. 同註 2，頁 84。

73. 同註 11，頁 18。

74. 同註 11，頁 18。

75. 同註 12。

76. 同註 2，頁 84。

77. 同註 2，頁 84。

78. 同註 67，頁 21。

79. 李其瓊：〈我們是怎樣臨摹敦煌壁畫的〉，敦煌研究院編輯部編，《敦煌研究》，1982 年第 2 期。

80. 同註 11，頁 18~20。

81. 同註 11，頁 20。

82. 同註 2，頁 21。

83. 同註 68。

84. 同註 79。

85. 同註 16，頁 60。

86. 同註 11，頁 20。

87. 同註 79。

88. 同註 45。

89. 同註 45。

90. 同註 12。

91. 同註 12。

92. 同註 12。

93. 同註 12。

94. 關友惠：〈莫高窟人的生活往事〉，敦煌研究院編輯部編，《敦煌研究》，2014年第 3 期。

95. 同註 5。

96. 孫儒僴訪談記錄。

97. 同註 6，頁 48。

98. 同註 96。

99. 同註 6，頁 55。

100. 同註 5，頁 48。

101. 同註 96。

102. 張泉：〈一六一　李雲鶴　起點〉，現代傳播集團編，《生活月刊》，第 101 期別冊，2014 年 4 月，頁 12。

103. 同註 102，頁 12~14。

104. 同註 102，頁 14。

105. 同註 38。

106. 同註 38。

107. 同註 6，頁 71。

108. 樊錦詩、馬世長：〈莫高窟發現的唐代絲織物及其它〉，《文物》，文物出版社，1972 年第 12 期，頁 55~67。

109. 同註 37。

110. 同註 37。

111. 同註 1，頁 282。

112. 同註 11，頁 14。

113. 張泉：〈八十五　蘇伯民　重生〉，現代傳播集團編，《生活月刊》，第 101 期別冊，2014 年 4 月，頁 23。

114. 同註 5，頁 50。

115. 同註 5，頁 50。

116. 同註 5，頁 50。

117. 同註 54。

118. 同註 2，頁 83。

119. 同註 54。

120. 同註 13 及 17。

121. 同註 17。

122. 同註 45。

第三章

感悟敦煌

一

敦煌的體會

搶救敦煌
——只怕五十年後看不見

紀文鳳

我常自炫在內地，走遍大江南北，卻因從未到過敦煌而感到自愧。正好趕上在當地為國寶級的國學大師饒宗頤教授 95 歲華誕舉行的祝壽和展覽慶典，終於有機會成行，一償夙願。

意想不到的是，我們竟然得到李美賢老師（李焯芬夫人）親自義務帶隊，臨行前還為我們在港大上課惡補四小時，她自道是在第三次到敦煌才開竅。為使我們一步到位，她還為我們準備了大量參考資料、書本和CCTV 十集敦煌紀錄片。有此準備，我們不再是到此一遊，渾渾噩噩的普通遊客，而是踏上一次豐盛的中國古文化文明之旅。

想像力的遺產：古今兩宜

我們一行二十多人，其中還有敦煌專家陳萬雄先生。由西安飛抵目的地，下機時抬頭仰望，藍天白雲，令人心境開朗，不過天氣酷熱乾燥，放眼四周，長沙萬里，遠見層層洞窟，掛在戈壁斷崖，殘垣滿目；這裏除了荒涼，就只有落寞！

早上我們抵達期待已久的莫高窟大門，這裏有別於中國其他的旅遊景點，每日要限人數才不致過度開發，守衛嚴謹，照相機一律不能帶入內。大家遵守規矩排隊入場。站在我前面有對年輕的內地夫婦和稚齡小孩。我好奇地問："那麼小，懂得看嗎？"男的嘆了一聲說："現在不看，只怕50年後看不見！"

我心裏暗自嘀咕，太誇張吧！怎會那麼快？

進洞前，李老師先行帶我們參觀洞窟調控中心，那裏有顯示屏監測所有洞窟，以保護洞窟和控制遊客承載量。原來除了碰撞，人的呼吸都會令壁畫受損，例如 40 人入洞半小時，內裏的二氧化碳就會升高 7 倍，濕度上升 10%，溫度也增加 4 度，個別洞窟超標，一達紅色警界線，他們就會關閉洞窟，限制進入，的確十分科學化。

我們在莫高窟和榆林窟一共停留了 3 天，破紀錄觀賞了 40 個洞（包括十分珍貴，不對外開放的特窟）。我們好像在與時間競賽，一路上觀賞員悉心介紹，李老師補白填充，趣味無窮。我看得出李老師的焦慮，她希望我們可以在最短的時間，看最多的洞窟。雖然是走馬看花，初睹全貌，卻也是嘆為觀止。

敦煌莫高窟好比一個古代歷史文化藝術博物館。壁畫塑像是以崇佛禮佛為主。自 4 至 14 世紀（至今凡 1600 餘年），經歷了十六國、北魏、西魏、北周、隋、唐、五代、北宋、西夏以至元等朝代的改變和統治，加上中原文化扎根於此，又是絲綢之路的交通樞紐，軍事重鎮，佛教東傳的驛站，形成世界四大文明，各種宗教、民族和中西文化的匯點；壁畫上記錄了佛教經變圖和神話故事、帝皇百姓的生活逸事、中外通商史節交往的細節等等的浮世繪。畫師工匠能夠在直立式的牆壁和離地數米的屋頂天花（藻井）描繪出透視式的亭台樓閣、優美的飛天和樂伎、色彩繽紛的山水畫、別具特色的邊飾和圖案，還有珠寶、首飾、化妝、服飾的設計，古今兩宜，充滿想像力，可充作後世的創意靈感和泉源！

世界公民的責任

敦煌歷盡滄桑，幾經盛衰，終至沒落，沉寂了凡 900 年，近 800 個洞窟，受到風雨摧殘，流沙掩埋，洪水入侵，岩體崩塌，加上人為破壞，百年前又受到英、法、日、美等探險家和學者，在中國人不識國寶的情況下，騙去 17 號洞窟藏經洞大部分寶貴的經書，以及用化學膠黏走部分圖像，至今石窟的壁畫都進入風燭殘年，大量褪色，更有受到起甲龜裂、鹽害酥鹼、空腳脫落等禍害，見者心痛。我悄悄地問導賞員："你認為敦煌石窟還可以保存多久？"他傷感地答道："現在不保護，恐怕頂多 50、60 年的時間！"

此刻我感到震撼，眼前的石窟印記是可以隨着時間而消失的！晚上敦煌研究院樊錦詩院長宴請我們，她說了一個故事。話說在 1980 年，香港有人捐來一千萬港元，沒有留名卻指定這筆款項只能用於保護洞窟（30 年前一千萬等值今天過億元），過了若干時間，敦煌來了位神秘遊客，暗查保護成效。樊院長感慨地說，中國人對文化保育工作向來沒有興趣，後來才發現原來這位大善長是來自香港的邵逸夫爵士，這令她悲喜交集，更佩服他老人家用心良苦和對保護敦煌的遠見。

國務院自 1944 年起開始重視和承擔保護敦煌石窟的重任，曾撥巨款加固整治防沙等措施，但工程和經費極為龐大，工程複雜，幸虧外國人重視敦煌這個獨特的世界文化遺產，認為是世界公民的責任，不遺餘力地協助。樊院長於是加強與外國合作交流，包括工程阻沙、化學治沙、生物固沙等，現在周邊沙漠裏的草方格是一例。美國蓋地基金會更發明了維修壁畫的方法，打針注入分子黏合劑，加固復補，防止繼續惡化。

願石窟與天地共白頭

目前樊院長正積極致力利用現代數碼化電子科技，與美國梅隆基金會合作，將壁畫化為三維圖像，為石窟創造完整三度空間的體驗，更在 14 公里外籌建一個現代化的遊客中心，先看虛擬影像，全面了解後再參觀實窟，以減低大量遊客所造成的損毀和壓力。這樣就可以平衡保護洞窟和增加參觀遊客的目的。

樊錦詩院長窮一生的力量和事業去保護敦煌，李美賢老師不辭勞苦義務帶隊指導我們如何觀賞敦煌壁畫和塑像，我們一團人終於受到感召，悟出敦煌絕無僅有的普世價值。在沒有默契的情況下，紛紛自動請纓去為這個國寶做義工，籌募贊助費去支持數碼化洞窟工程，以備構建永久性的數碼檔案庫，並用作通識教育的教材。即使日後遭遇天災人禍，都存有記錄。

外國人對敦煌這個世界文化遺產充滿熱誠，相比之下，作為中國人，我們應該感到自慚！為了後世的福祉，我們決心為保護、保育、保存和保留敦煌石窟出一分力。50 年後，我肯定不在了，但敦煌石窟這個中國的傳世瑰寶，一定要與天地共白頭！

發現敦煌
——通識教育與創意工業

紀文鳳

　　浪漫的絲綢之路，令我一直嚮往到敦煌，但僅是旅遊觀光，尋幽探勝，只停留在"黃山歸來不見山，九寨歸來不見水"那種單純。出發前幸好得到李美賢老師給我們準備導賞資料和講座，得以帶着一種學習和求知的心情，踏上文化之旅，竟然懂得"發現敦煌"，一次就開竅！

　　敦煌石窟有四萬五千平方米巧奪天工的壁畫，如果把它們拉直排成兩米高的畫廊，可長達二十五公里，加上近三千尊栩栩如生的彩塑佛像和人物，有人稱之為古代藝術大殿堂、佛教壁畫博物館，甚至為中世紀社會經濟和意識形態的百科全書，反映着俗世人間和宗教神佛不同世界的眾生相。敦煌的內容其實是綜合性的，從古代政治、經濟、文化、歷史、地理、宗教、建築、藝術、設計、音樂、舞蹈、運動、交通、民族、民生、中外通商和交流等，包羅萬有，任何單元都可以成為現代人深入研究的學術新課題。

　　其實自從敦煌石窟和文獻於 1900 年重見天日之後，中國的知識分子早就在 50 年代掀起"敦煌學"的研究，可惜香港人一向冷待文化藝術，加上敦煌位處偏遠，故此莫高窟也就沒法在香港熱起來！

通識教育的上好教材

現今香港教育推行了三三四制，學科沒有了文史哲，很多中學老師都感到十分困擾，不知從何入手。敦煌石窟其實是填空補白目前通識教育之不足的最好教材，因為莫高窟壁畫和 17 窟藏經洞出土的遺書見證了中國古代文明，由 4 世紀到 14 世紀凡 1600 年的珍貴圖像和文字記錄，提供了趣味性和啟發性的歷史、人文和社會科學課題。宗教研究是其中一個課題，由於敦煌是個佛教聖地，石窟主要用來供奉神祇，利用壁畫圖解佛經和佛學哲理，僧侶和信眾供養人出資開窟造像求功德，內容主要環繞導人向善，即使不同信仰的人，都可以用觀看藝術的態度來欣賞。

莫高窟最大的佛教史壁畫是在第 61 洞窟，完成於五代，西壁繪的是佛教起源地五台山，這是世界上最古老和最大的形象地圖，由上而下分三個部分：上是各種菩薩雲中的化現，中為五台山五個主峰，佈滿有題名的寺院和佛塔，下為五台山的道路，繪有登山朝聖的香客，其中穿插着各種靈異故事和現實生活場景，依據五台山的真實地理位置繪製，採用三點視法：仰視、透

視和俯視，是一幅青綠山水人物畫。我念大學時主修地理，自己又喜歡繪畫和建築，聽李老師說："中國近代著名建築學者梁思成先生曾遍訪中國各地尋找唐代建築真跡而不得要領，反而來到敦煌旅遊，無意中在莫哥窟 61 窟看見壁畫中的大佛光寺，在好奇心的驅使下，萬水千山跑到山西省五台山看圖索驥，竟然找到這座唐代建築的名寺而蔚為佳話。一幅古代壁畫有這麼多的功能和用途，實始料不及，激發我們要好好保育和利用這個世界文化遺產，保存檔案，承先啟後，培養人民質素和人文精神。

想像力的展現

回鶻公主禮服（莫 61 窟東壁）

　　除了通識教育，敦煌石窟更大的發現是具有無限的創意和豐富的想像力。敦煌石窟的藝術是集建築、彩塑和壁畫於一體，帶動了很多不同行業的產生和創造就業機會。套用今天的語言，創意產業早在敦煌興盛時代就開花結果！

　　敦煌石窟藝術到了隋唐為全盛時期，由於絲綢之路商貿頻繁，經濟高度發達，人們生活安定，盛行佛教信仰，城市文明擁有強大的物質基礎，人們縱情享樂，書畫、歌舞和音樂創作一應冒起，繪畫藝術亦達致最高境界，壁畫中描繪了王侯貴族、普通庶民、華洋雜處，當時的生活享受、品位時尚、飲食文化、酒肆婚宴、交通出行、服裝珠寶、甚至美容化妝，都躍然在牆壁上，成為我們認識當時現實情況的資料庫。由於敦煌地接西域，華戎所交的地理環境，故此呈現中原、印度和西域不同或融合一體的風格，我們亦能從體態服飾等的特色來辨別不同朝代。

在敦煌壁畫中，最引人入勝，靈動可愛的首推飛天，又名香音神，主要任務是為佛國散發花香，為佛獻花和奏樂。繪畫飛天始於十六國而止於元朝，歷時一千多年，展現了不同朝代的特色和風格，現存在洞窟壁畫內六千多個飛天，她們千嬌百媚，身段優美，腰繫飄帶，帶動飛行，騰空而起，搖曳生姿，有單飛也有連群結隊，自由飛翔，常出現在樂鼓齊鳴，滿天花瓣的佛說法圖、藻井、佛龕和四壁上角。古代藝術家能在洞壁上甚至在窟頂藻井上繪出令人一見傾心的飛天畫像，確是世界美術史上一個奇蹟，亦為後世提供了一個美的形象的參考寶庫。

敦煌洞窟內的彩塑所體現的衣服質感和花樣設計亦讓人嘆為觀止。尤其是一佛二菩薩和弟子等的神態面貌，當中以 45 窟的菩薩，最為動人，微彎的身段，輕紗披帶，長裙美麗透視，面容含笑，圓潤有致，恐怕現代人也無法複製。供養人的服飾和化妝也別具代表性，絕對可以成為現代設計師的創意靈感。邊飾和藻井圖案更是色彩鮮明，變化無窮，即使用現代電腦製作，也未必能夠超越古人的妙手神筆。這些圖案設計，今天應用於紡織、地毯和瓷磚等，恒古猶新。

莫高窟第 45 窟菩薩

其實我也是剛開始認識敦煌，有感它的歷史沉澱和豐富資料，希望有更多人重視敦煌石窟的內涵，更希望香港的創意藝術工作者，無論從事珠寶時裝、音樂舞蹈、圖案繪畫、商品設計和建築等創意產業，都能跑到敦煌觀摩參考，融會貫通古今中外的創意思維。總之，太陽底下無新事，就讓敦煌創意爆發新靈感！

再訪敦煌

——無盡的唏噓

紀文鳳

2010年8月踏足敦煌，人生第一次目睹了無邊際的萬里長沙，滾滾塵沙背後看不見生物和水源，心裏暗道，還好沒有出生在這裏，不然不知日子怎麼過？也因如此，人才懂得惜福，看過敦煌莫高窟和榆林窟內的千年文物和文化遺產，發現唐代人其實比我們當今世代活得更精彩！驚訝、讚歎、震撼過後，大家竟然不約而同起動保護洞窟裏的壁畫，隨即互相響應，籌集了近千萬元善款，做數碼化工程，將洞裏瑰寶攝錄下來，即使天災人禍，都有檔案永久留存。

匯聚精英救敦煌

2011 年 6 月再次出征莫高窟，因 2010 年有三個功德主朋友還未到過敦煌，只聽我娓娓道來，已經感動到大解善囊。也許這個被遺忘的廢都，時來運到，大家得悉由李美賢老師義助帶隊，好事傳千里，一下子 30 人報名，超額成團，其中不乏專程從紐約和多倫多飛來參加，誠意滿瀉！

出發前一星期，消息傳來，敦煌遇到 40 年來罕見的大洪水，沖斷了進入莫高窟的公路和大橋，而戈壁沙漠的泥濘亦沖進正在建造的莫高窟遊客中心，造成嚴重損失。團友作好取消行程的準備。可幸出發前，皇天不負有心人，雨停了，洪水退了，橋也修好了，我們如期出發。

建造莫高窟遊客中心是敦煌研究院樊錦詩院長的心願，她希望在多遊客增收入和減參觀保洞窟之間取得平衡，構想了用先進技術，以三維數碼化模擬洞窟內的壁畫，讓遊客可以在入洞參觀前，身處遊客中心的展廳先睹為快和細緻欣賞，這樣可以減短在洞窟內的停留時間和減少破壞。

這次大洪水毀壞了不少施工，損失過千萬元人民幣。對樊院長來說，這的確是屋漏更兼逢夜雨，因為 2010 年會面時，她已經告知建築費短缺，除了中央政府支付 1.2 億作一半建築費外，餘下 1.6 億的缺口要敦煌研究院自行籌資。眼前這位短小精悍、信心堅定的敦煌守護者，憂心戚戚，心力交瘁，只感無助與無奈！她的憂傷，感染力強，觸動了人心深處，大家各自在思考和盤算如何去協助她完成任務？

洪水中的沙漠

　　團中有位李醫生，感到困擾，即時提出反應："樊院長年紀不小了（今76歲），妳要多注意身體，不能操勞過度！妳為敦煌奉獻一生，國家怎可以將保護敦煌莫高窟的重擔由妳一個人去承擔？這1.6億元缺口，對國家來說只是個小數目，你看每年中央支付數以億元去資助非洲國家，為甚麼就不重視保護這個世界文化遺產？再者如果要在民間籌款，國內大款這麼多，動輒幾億元到香港買房地產，為甚麼國內人不去為這個國寶出點力？收藏家能以千千萬萬元去投拍古董和文物作為私人收藏，為甚麼就是不來保護敦煌，讓其與世長存，並且公諸同好？"

　　這麼多個為甚麼？答案就在國人從來不珍惜文物！打從上世紀開始，英國、德國、法國、日本以至美國的考古學家和探險專家，見到敦煌文物，如獲至寶，

不惜收購，一箱箱運送到自己國家。今天我們罵他們盜賊，罵他們騙去中國人的國寶展示在他們的國家博物館。其實我們應自我檢討，也要多得他們如珍如寶地代中國人保管，不然這些文物，經不起文革浩劫，可能已經付之一炬，蕩然無存！其實去年我們已經了解到這個困境，但考慮到中央和省政府的支持力度和接班人的問題，建造費只是個起點，以後的管理班子和營運費才是核心原因，所以我們選擇了資助數碼化洞窟工程，到目前為止，已有 33 個洞窟找到功德主贊助，要知道敦煌有保存價值的洞窟有 492 個，我們的資助，也只是大海裏的一滴水！

這次親眼見到沙漠都會發大洪水，破壞程度令人震驚。歷史上敦煌莫高窟和榆林窟都曾經歷過無數次地震、泥石流、大雪災等流沙歲月的禍害和考驗，我們深感如不盡快去搶救和作出適當的保護和保育措施，人類將會永遠地失去這個保存着中國古代文明歷史最昌盛繁榮時期的瑰寶！

當前我們一直在朋輩之間，不遺餘力地發動贊助敦煌莫高窟和榆林窟的數碼化工程，畢竟能力有限，只能抱着“救得一個得一個”的宗旨，但這只是治標，治本還得要靠敦煌莫高窟遊客中心的成立。唏噓過後，只想發聲：“作為中國人，我們都聽到敦煌莫高窟的呼喚嗎？！”

談敦煌研究院院長繼任人的質素

紀文鳳

樊錦詩院長："我的繼任人，一定要乾淨！"

這句說話，擲地有聲！

然而說這句話的人要有一定的份量，並且能夠以德服人和以身作則！

事實上，我在觀看中央電視台《面對面》節目時，主持人訪問感動中國 50 人之一，敦煌研究院樊錦詩院長，那時是第一次聽到她面對 13 億人民所作出的承諾！

第二次則是在訪問敦煌研究院時，目睹她真人風采，親耳聽到她再一次的肯定。

眼前這一位樊院長，銀灰色的短頭髮，個子不高，說話不慍不火，永遠帶着笑容，和藹可親，有一種懾人的魅力。她已年屆 76，仍以過人的精力，統領着 600 名

員工，在各類資源匱乏的情況下，以柔制剛，為了保護敦煌石窟這個世界文化遺產，她要頂住來自四面八方的壓力。

　　政府說你做保護，我們做旅遊，他們要加大遊客數目，增加財政收益。但保護和旅遊是互相矛盾的，人太多會危害洞窟的存在；而民間企業則財迷心竅，趕潮流大搞財技，提出要將敦煌石窟，捆綁上市投資獲利。樊院長說："敦煌莫高窟是國家財產和世界遺產，怎能拿來做買賣？這是個公益事業，我得頂回去！"

　　其實敦煌石窟確也是命途多舛，多災多難，幾歷絲綢之路的盛衰，甚至被人遺忘遺棄，打從 1900 年開始，就遇到浩劫，埋在莫高窟 17 窟的藏經洞出土的文物經書和寫本文獻，相繼給英、法、俄、日等探險家和專家學者搶掠騙走，其後更明目張膽在不同洞窟剝取壁畫和搬走彩塑，現在這些被盜走的珍貴文物大部分流散在國外，只有小部分留存在國內，所以國學大師陳寅恪先生曾寫下："敦煌者吾國學術之傷心史也！"不幸中之大幸是，外國人尊重和珍惜古文物，這些早期偷走的國寶都被好好收藏和保存在外國著名的博物館內，開放給公眾欣賞。

國人醒覺了

還好敦煌石窟的主體，遍佈河西走廊的莫高窟帶不走，終於國人醒覺了，在國民黨元老于右任先生的建議下，得到各方團結努力，國民政府於 1943 年開始着手籌建 "敦煌藝術研究所"，若干年後更升格為敦煌研究院。國內學者掀起研究敦煌遺書、石窟藝術、歷史文獻文物和碑刻紀錄的學科，並稱之為敦煌學。

由 1944 年開始至今 70 年，敦煌研究院相繼由三位傑出的專家學者出任院長。也許是敦煌石窟甚至是國家的福氣，三位主管都是乾乾淨淨、無私奉獻的人物！常書鴻先生是第一任院長，他是中國留學法國的著名畫家，在一個偶然機會，在巴黎書攤看到一本法國人編輯的《敦煌圖錄》畫冊，為之着迷，更痛心國寶被外國人奪去，毅然放棄在彼邦的成就，回國的心願就是為了保護和研究舉世罕見的敦煌石窟這個民族藝術寶庫，要一輩子在那裏呆下去。他坐言起行，放棄歐洲大城市的舒適生活，跑到中國大西北的沙漠戈壁中工作了 30 年，經歷了夫人出走、經費停止、文化大革命等打擊，仍堅守在敦煌，清理積沙、修路植樹、保護洞窟、臨摹壁畫，到處宣傳展覽，將敦煌藝術發揚光大，他是敦煌的開拓者，所以被後世稱之為 "敦煌莫高窟的保護神"。

而第二任院長是畫家段文傑先生，他亦為敦煌付出一生事業，也臨摹了不少精彩美麗的莫高窟壁畫作記錄和檔案保存。他為敦煌提高保護水平，舉辦科研會議，被視為敦煌的搶救者，退休後回到蘭州居住，如今 90 多歲還心繫敦煌，每每問起敦煌研究院的工作和莫高窟的近況，千叮囑萬叮囑要研究好敦煌，保護好敦煌！

加入現代管理，開拓國際視野

至於現任敦煌研究院的院長是上海姑娘樊錦詩，自 1963 年北大考古學畢業後，義無反顧地隻身到敦煌，全情投入，生了孩子也無暇照顧，要交由居住武漢，也是考古學家的丈夫彭教授"湊大"。她感到內疚，但為了保護敦煌石窟這個國寶，她甘願留下，做守望者。這裏偏遠荒涼，與世隔絕，人手不足，物資短缺，連糧食都需要自己動手種植，可以想像當時生活的艱苦。樊院長來了之後，引進保護洞窟的監察管理，每個洞窟配備兩條鑰匙，分別由兩個持有人同在才能打開，確保監管完善。

她積極培訓人才，每年都送年青員工到海外學習最新技術和培訓現代管理，以提高水平和增加國際視野。我這次在敦煌旅遊，乘車到莫高窟時，剛好樊院長的私人助理程亮先生就在鄰座，看他工作效率很高，話頭醒尾，原因是有個好師父。原來他大學畢業後就來幫樊院長工作，至今已 6 年。這位 80 後倒也坦白，他跟我說，起初很不習慣由大清早做到半夜，一星期七天不休，樊院長亦從不放年假，但辛苦是值得的，因為跟着樊院長獲益良多，也佩服樊院長的為人和做事方式，他還透露這裏常有外省市著名博物館慕名來高薪挖角，但大家都不為所動，雖然這裏薪金低微，還是樂意留在她身邊，這正是她深受同事們愛戴，大家受她為敦煌奉獻的無私精神所感染的最佳證明。

香港人可能有所不知，為慶賀九七回歸而建造的志蓮淨苑，座落在九龍鑽石山，是一座唐朝木構寺院羣，在大雄寶殿內有一幅大壁畫是依據莫高窟第 172 洞窟的觀無量壽經變而製成的，當年樊院長亦帶了很多員工到港協助，事事親力親為。

首次跟樊院長見面

中國人財產與世遺保護者

　　樊錦詩院長的貢獻是以一個考古學家的眼光把敦煌推到世界級的地位，她有願景，站得高，看得遠，可能她工作上常與外國專家接觸、合作和交流，故此態度開放，處事公正持平，所以她要求自己的接班人，一定要乾淨，即是正直廉潔、講原則、負責任、有使命感、嚴格要求自己、一心一意，為敦煌做到最好！

　　我跑慣內地，深明內地用人之道，但願國家領導人不要空降外行人做敦煌研究院的未來接班人，現在內地發展過速，誘惑太多，人人急功近利，我希望敦煌研究院能夠秉承遺風，延續它的福氣，將來的繼任人，亦即是中國人的財產和世界文化遺產的保護者，除了乾淨，還要好像樊錦詩院長一樣，夠硬淨！

二

保育敦煌，傳承文化

守護敦煌：
與大自然的對抗

馮成章

這是一次令人神傷的旅程，因它讓人驚覺 50 年前已被列為國家重點文物保護單位的敦煌莫高窟，半世紀後仍急需援手。更教人憂心的是，在大漠邊陲守護着這座世界遺產的千斤重擔，如今落在一位 76 歲老人肩上。2011 年 6 月 15 日晚的一場豪雨，再次令人醒悟，這裏要時刻跟老天爺搏鬥。一不留神，大自然便會把它吞噬。周遭環境的冷酷無情、國人文物保育意識的薄弱、資源的貧瘠，均令人生怕這場文物保護戰，其實是一次兔子撲虎的博弈。

2011 年 6 月 26 日下午。晴天。

保育敦煌，傳承文化

莫高窟一帶驕陽似火。在前往位處敦煌東南、鳴沙山東麓的莫高窟路途上，大地多黃少綠。遠眺時，一而再看到狀似龍捲風的熱氣流漩渦，把金黃色的熱沙捲上半空飛舞，令人望而生畏。

無情的風沙千百年來不知已經吞噬了絲綢之路上多少座古城。2008 年，內地《法制日報》便引述專家指出，"中國第六大沙漠 —— 庫姆塔格沙漠正在以每年 1 到 4 米的速度逼近敦煌。倘若現在還不加大生態環境治理的力度，半個世紀以後，您將再也無法看到舉世聞名的莫高窟、鳴沙山、月牙泉……"

近半世紀的保育，如今……

大自然步步進逼所造成的精神壓力，沒有人會比敦煌研究院院長樊錦詩更有體會，因她已在此奮鬥了接近 48 個年頭。英姿煥發的面譜如今已滿頭花白。不過，樊院長至今仍然義無反顧地說，"我這輩子就做了一件事，就是敦煌這麼一件事，我希望自己能把它做好……這是一件有意義的事情，值得一個人花一輩子去做的一件事。"

其實，樊錦詩已是第三任敦煌研究院（前身是成立於 1944 年 2 月 1 日的敦煌藝術研究所）院長。三任院長都有着同一樣的知識分子的堅毅與執着 —— 不計個人榮辱得失，甘願窮畢生力氣去守護這座極其珍貴的文化寶庫。所為者正是要薪火相傳，為炎黃子孫留下千年歷史的見證。這種當仁不讓的無私精神，在當今只重金錢物質的世道裏，絕對是一股清流，令人敬佩不已。究竟是甚麼力量驅使三代人能下如此大的決心？敦煌石窟的魔力何在？

對此，已故國學大師、敦煌學者季羨林曾經有過這樣的註腳——"世界上歷史悠久、地域廣闊、自成體系並影響深遠的文化體系只有四個：中國、印度、希臘、伊斯蘭。而這四個文化體系匯流的地方只有一個，就是中國的敦煌和新疆地區，再沒有第二個。"

走訪了敦煌石窟 22 次的敦煌學者李美賢老師更準確地指出，統稱敦煌石窟的 812 個洞窟，內裏的壁畫與文物無間斷地記載了中國在公元 4 世紀至 14 世紀的社會文化、人民生活的變遷，橫跨了西晉至元朝，即整整 1,000 年的歷史時空。世上可謂獨一無二。

"騙購"與守護

正因為敦煌石窟有着極其重要的歷史地位，因此早在 1961 年敦煌莫高窟便被列為國家重點文物保護單位。26 年後，更被聯合國教科文組織列為世界文化遺產。

然而，半世紀後的今天，當大家重臨敦煌石窟，彎腰跨進洞窟，舉頭一看，珍貴的壁畫仍然傷痕處處。計有前人的惡意破壞、自然界的蟲害、病毒侵蝕、風沙的吹襲、旅客在洞內呼吸所起的氧化破壞作用等等。

來到莫高窟第 17 號窟更令人深深感受近百年中國歷史的悲涼。1907 年，英籍匈牙利人斯坦因在英國及印度政府的支持下來到了莫高窟，以"騙購的手法"從守護石窟文物的王道士手上，購買了敦煌遺書 24 箱、遺畫和紡織品等 5 箱。其後，晚清國力日衰，更多的外國考古學家相繼來到了敦煌，以各種各樣的方式，把大量文物帶離了神州大地。李美賢老師估計，如今有多達 75% 的敦煌石窟文物已經流失到歐美各地的博物館！本來藏經萬卷的第 17 號石窟，現時已再無古籍，令人不勝唏噓。

文物保育工作從來都要靠政府的扶持。可惜敦煌地處黃土高原、貧窮落後的甘肅省。這裏的地理環境早已注定了甘肅的貧瘠命運。因此，難以寄望地方政府可以單獨挑起文物保育的重擔。

敦煌石窟必須讓旅客入內參觀。這既是因為要讓國民看到國家還保留着的珍貴文物，也是因為守護石窟的開支，每年多達 8,000 萬人民幣。這包括了日常維修、防治風沙、保安、行政等等的基本使費。而貧困的甘肅省政府每年卻只能提供 1,000 萬元的撥款，因此石窟需要旅客的到臨，為整個操作提供必須的收入。遇有天災，例如早前的四川大地震，當旅客裹足不前，樊院長便要向銀行借貸度日。

在保育與開源之間，應如何取得平衡，一直困擾着樊院長。到了 2003 年，她想來"好橋"——利用電子數碼技術永久保留石窟的壁畫。她的如意算盤是興建一座現代化的旅客中心，以便"將來人們來敦煌後，我們給大家放球幕電影，看洞轉着看，應該比在洞裏看得還清楚。再加上多媒體，再看上幾個洞，就行了，減少對洞的破壞。"

洪水恐令永久保育沒頂

幾經遊說，國家發改委 2008 年同意了在敦煌莫高窟投資興建虛擬體驗中心，亦即簡稱的旅客中心，以減少遊客在洞窟停留時間，但條件是敦煌研究院要自行籌措 30％ 的費用。工程 2010 年已動工了，但據樊院長透露，整個項目如今仍面對資金缺口 1.67 億元。

或許真的是好事多磨，就在欠資還未有着落之際，5 月 16 日的一場特大洪水，令旅客中心的工地嚴重水泄，大量設備要報廢。這樣一來，資金的總缺口恐怕又要進一步拉大。有說，若要完成上述工程，樊院長便要多籌措接近 2 億元。難怪有官員正私下擔心，是項工程最終會爛尾。換言之，永久保留敦煌石窟的美夢不知又要延遲多少年才能完成。

2011 年 6 月 28 日。晴天。

離開莫高窟的路上，思緒縈繞，百感交集，滿腦子是不解的謎團。莫高窟正門大牌坊旁，豎立了一個表揚作出過巨額捐獻的善長光榮榜，貼出了 13 名善長的照片，其中有 9 人是來自香港的富商，內地富翁卻只有 1 人。教人感慨萬千的是，同一天，北京大學校長周其鳳還在炫耀，10 多年來，北大校友中誕生了 79 位億萬富豪，連續 3 年居內地高校首位。這羣知識分子受惠於中華文化的薰陶，如今家財萬貫，為何不能回饋社會，為文化保育作點兒貢獻？

國家的外匯儲備早已位居全球之首，目前總金額多逾 3 萬億美元，並且正四出尋找投資機會，包括買入了巨額不停在貶值中的美國國庫債券。國家為何不能從大金庫動用一點兒的人民血汗去為我們的下一代保留千年歷史的見證？

等待願意拯救海星的善長

古蹟範圍內有小賣部，用意是讓旅客可以買點紀念品。奈何這裏竟然也要打假，事緣樊院長有一次路過時，不經意地發現了店內有假的臨摹作品。相關人等自然被院長痛斥一番。大家不禁會問：究竟這個國度裏還有真的東西嗎？

莫高窟的夜景特別蒼涼。日落西山，柔弱的斜陽散照於杳無人煙的沙丘上，只聞雀鳥吱吱在叫，沒有半點兒的人聲回話。難道這正是神州大地上文化工作的寫照？

團友安慰道，"你可曾聽過老人拾海星的故事嗎？"他說，海浪把眾多的海星沖上沙灘。只見一個老人不停地把一隻又一隻的海星用力地拋回海裏。少年上前問："老伯，你可以救得多少隻快將缺氧的海星呢？"老人舉起又一隻海星回答道，"起碼我改變了這隻海星的命運呀！"這時，少年恍然大悟 —— 有很多美好的事情我們不能一一實現，但從現在做起，或許可以逐步改變一切！

看來，一眾香港敦煌之友也正在抱着這種救海星的心情，為敦煌石窟的保育工作盡點綿力 —— 有人努力籌錢保育洞窟的壁畫，也有人正在籌措治沙工程的經費，誓要跟大自然一較高下，力阻風沙侵蝕石窟。

第四章

體驗敦煌

一

開啟敦煌寶庫之鑰

由無知覺到迷上了：
敦煌的魅力與啟悟

張倩儀

像任何人喜歡敦煌一樣，我喜歡敦煌，有一個過程。

一開始，我只是一個旅客。當時中國開放不久，香港的大學生都擁去旅行。1982 年，我背着背包去絲路，第一次去敦煌。當年中國的交通並不方便，拿着港澳同胞回鄉介紹書，又只能到指定的賓館住，這樣的賓館在敦煌只有一間。由於在前一站的酒泉，遇到一些人事波折，去到敦煌的賓館時，房間已住滿，我們要睡在過道的地板上。

按計劃，我們預算在敦煌留一整天。第二天去參觀石窟，發現入場票分兩種價錢。我們不知道兩種票的分別，便打算先買便宜的票，如果好看，下午再買貴票。進去看了一陣子，看不出甚麼名堂，又想到住宿上的不便，便決定下午不看了，提早出發去新疆。所以我的第一次敦煌經驗不太好。

十年後第二次去敦煌，是與出版界一起作考察旅行。拜會了敦煌研究院，由專人帶我們細看石窟，但我仍然沒看出甚麼頭緒來。我的第二次敦煌經驗，仍是不怎麼樣。

現在我對敦煌的感覺大不相同，在洞窟裏那怕看見南北朝畫的一朵雲，也會感到很悅目，很親切。回顧頭兩次去敦煌的經驗，原來問題在我自己身上：敦煌的內涵太豐富，出發前我沒有任何準備，只知道它很有名，抱着到此一遊的心態，自然所得不多。後來有十年八年我一直在編敦煌全集，才一點一點認識敦煌。原來你要深入去，感覺才會出來。這是一個過程。

機緣來了

　　1990 年代中期，在文物局工作的朋友來找我，說敦煌的專家多已六、七十歲，他們一生研究敦煌，很想把成果編成全集，問我能否幫忙。前文已說過我當時並不喜歡敦煌，何況我手上塞滿工作，要推辭，並不難。但那一刻我腦中閃過的是：敦煌那麼著名，一定有它的理由，我不能憑自己的喜好而否定它的價值。那時我正在編輯 60 卷的《故宮全集》，估計 10 年內都脫不了身。既然這樣，一不做二不休，不如把敦煌也做了吧。敦煌和故宮地理上遙遙相對，一個在西，一個在東；時間上前後相接，敦煌是中古中國留下來的文化精華，而故宮則是宋元以來中原地方最高規格的皇家收藏，兩者有互補甚至源流的關係。可以說，它們各擅勝場，在中國藝術文化寶庫裏堪稱雙冠軍。既然要做故宮這個總冠軍，不如把敦煌這另一個總冠軍也做了吧。

以我所知，當時許多香港人認識故宮，但卻不太認識敦煌，很多人去敦煌旅行是像我當年那樣草草看看便算。認識敦煌的人則非常嚮往，但在 1990 年代這類人不算多。

　　我希望香港人能接觸到遠在大西北的敦煌藝術，便向公司提議接下出版敦煌全集的工作。我能有這機會是很幸運的，實在要感謝陳萬雄先生。不少出版社曾出版過敦煌的書，大都是虧本的。陳先生對敦煌價值有了解，他很支持這項目，所以能下決心去做。

　　我是在編書過程中，從不喜歡敦煌變成迷上了。

　　1990 年代中去敦煌的交通還是轉折。坐飛機接火車再轉汽車。飛機航班少，接駁不順，時有誤點。住宿也是一個問題，雖然可以住在敦煌城裏，但每天來回莫高窟太花時間，於是我住到研究院的員工宿舍。那時候中國還很窮，宿舍設備簡陋，洗澡要到房外的洗手間，天花在滴水。老專家過去幾十年住下來做研究，條件更差。就是在這種甘苦與共的氣氛裏，我們展開龐大的出版工程。為了讓我們這些外行能明白，作者多次帶我們進洞窟，作解說，回答我們的問題。出版全集的那漫長年頭，一次又一次去到塞外，就這樣跟敦煌的專家拼命了解每張照片、每段文字、每本書的題旨。

看明了就容易了

敦煌的唐代作品，成熟美麗，容易為人接受。但我想跟大家講兩件事，說明為甚麼現在我看見一朵南北朝的雲都會感到開心。這兩件印象深刻的事都與全集第一本出版的《法華經變畫》有關係。

第一件事是關於為編書而看的第一個洞，該卷的作者賀世哲先生帶我們看隋代第420窟。窟內天花四坡都畫了法華經變，賀先生說古時有右旋禮佛的儀式。我一看那天花畫了一堆藍藍綠綠的畫，亂七八糟，再加上旋轉，頓覺頭暈眼花。可是經賀先生逐一解釋，本來亂作一團的四幅圖像，突然豁然開朗，呈現出規律，畫中的房子有的排列整齊，有的故意安排得曲折如閃電；四幅的安排各有不同，都是精心佈置的結果。原來明白了，就有樂趣。我到現在仍然很喜歡這個天花的畫。這次經歷讓我跳出看得懂的、具像的唐代壁畫，開始欣賞其他朝代的作品。

由於全集題材廣泛，各卷要看的東西全不一樣。有一次，上午我剛看完第148窟，那是在莫高窟最南的洞窟，下午到建築卷的作者孫儒僩先生帶我進洞窟。當孫先生帶着我不斷向南去，我心中浮起疑問：難道又是第148窟？我今早才看過啊！果然，我又回到第148窟。那是一個長型的洞，兩頭很暗。當我正滿腹狐疑的時候，孫先生用強力的手電筒往一頭的最高處一照，黑暗中竟然浮現出美麗的建築畫，真有如天宮樓閣。我這才明白，原來每個洞窟都是一個寶庫，藏着千千萬萬的東西。

法華經之東坡觀經變　（莫 420 窟頂東坡）

要弄明白洞裏那成千上萬的東西，需要很多工夫。當時許多作者都已六、七十歲，他們日夜鑽研各幅畫的意思，花許多時間去考究。為了看清楚壁畫上的榜題，要等洞裏搭架子時爬上頂仔細看，逐個字抄下來。有榜題的壁畫要設法抄，沒榜題的，要逐一將圖像與經文情節對比。這樣的研究從 1950 年代一直做到 1990 年代我們出書的時候。因為出書，他們三、四十年的功力便一次過讓我們知道了，如果沒有他們細心整理，我們今天欣賞敦煌藝術，那能這麼容易？1990 年代中的敦煌仍然荒涼，仍然閉塞。樊院長說，老專家花了幾十年在敦煌工作，外面的人卻覺得他們是土包子，為老專家們叫屈。

全集還在編的時候，已經有一位作者孫修身先生去世，幸好他主編的那卷已經出版。而帶我看第 420 窟的賀世哲先生在 2011 年也去世了。我相信，到現在為止，我們能看到敦煌洞窟的細緻內容，實在依靠這些專家所下的工夫，今天我所說的敦煌圖像的意思，完全建立於他們所做的研究的基礎上。所以我不想遺漏，很在乎把他們花許多時日琢磨出來的東西，原汁原味地轉告大家。

有思想才有吸引力

　　第二種給我強烈感覺的敦煌經驗，不是來自畫作，而是來自畫作所本的思想。編輯《法華經變畫》的時候，我想我該讀一下《法華經》。當時我努力了兩次：第一次是由第一頁開始讀，結果讀到許多佛、菩薩等來赴會，我讀不明白，不禁問這個來赴會那個來赴會，這樣下去，何時才完。因為手上還有其他工作，就放下了書。及至收到賀世哲先生來稿，提及"法華七喻"，我才知道這是《法華經》的核心，於是便由這七個比喻開始讀。那時工作很忙，只有晚上等別人都下班了，在辦公室才有點時間。有一晚，我讀〈化城喻品〉，突然讀到這段文字：

　　"譬如三千大千世界所有地種。假使有人，磨以為墨。過於東方千國土，乃下一點，大如微塵。又過千國土，復下一點。如是展轉盡地種墨。於汝等意云何。是諸國土。若算師若算師弟子。能得邊際知其數不？"

　　（譬如有人將這三千大千世界的所有國土，磨成墨，經過東方一千個國土時，灑下一點，如微塵大小。再過一千個國土，又灑下一點。按照這樣的方法，灑盡所有的墨。如此說來，你們認為這國土多不多呢？即使算術師或算術師的弟子們，能算到盡頭得知其數嗎？）

夜深時分讀到這段文字，使我腦中一醒，感到有如宇宙飛行。《法華經》譯成中文是魏晉南北朝時期，成書就更在這以前了。那麼早的時候，竟然能寫出一段星際旅行似的描寫來，不能不佩服印度人的想像力實在很豐富。所以，當時吸引中國人的，是佛經蘊含的文化及思想上的吸引力。

　　有幾個設計界朋友問我，敦煌除了藝術還有甚麼啟發？我認為是敦煌藝術背後的思想，如果沒有達到相當的思想高度，敦煌不會有那麼大的吸引力。設計背後應該有文化，有文化注入的設計，吸引人的已不光是色彩、構圖和功能。

　　當時傳入中國的佛教思想，及背後包含的西域文化，能給中國人新角度，啟發中國人產生新看法，這是賦予敦煌無窮吸引力的元素。敦煌壁畫上的一朵雲，已經不單是朵雲，它的美麗是有思想內涵的。在敦煌你會遇見很多想像力豐富的場面，例如在維摩居士的頭頂畫獅子座乘着雲嗖嗖飛來，供與會的眾人坐，按經文，應該有三千張獅子座。這些來自印度的想像，刺激了中國的畫家，激發了他們的熱情。讀中國文學的人會知道，中國人向來很踏實很純樸：中國的民歌都是簡短實在的，中國人本來不會雜技魔術各式娛樂，都是由西域傳來的。

偉大的藝術熱情時代

　　對中國畫家的熱情，推薦大家看看宗白華的名作〈略談敦煌藝術的意義和價值〉，收錄在《美學散步》裏。他因為看了敦煌藝術研究辛苦以摹本所作的藝展，而寫出這篇文章，感嘆"這真是中國偉大的'藝術熱情時代'！因為西域傳來的宗教信仰的刺激及新技術的啟發，中國藝人擺脫了傳統禮教之理智束縛，馳騁他們的幻想，發揮他們的熱力。線條、色彩、形象，無一不飛動奔放，虎虎有生氣。'飛'是他們的精神理想，飛騰動盪是那時藝術境界的特徵"。每讀到這裏，我就會想起第 249 窟的天花，與我們後來常見的中國畫大異其趣。宗白華在中國飽受戰爭摧殘後的 1948 年寫成此文，他的感慨既是藝術的，也是現實的："富麗的壁畫及其崇高的境界真是如幻夢如泡影，從衰退萎弱的民族心靈裏消逝了。支持畫家藝境的是殘山剩水、孤花片葉。雖具清超之美而乏磅礴的雄圖。天佑中國！在西陲敦煌洞窟裏，竟替我們保留了那千年藝術的燦爛遺影。我們的藝術史可以重新寫了！我們如夢初覺，發現先民的偉力、活力、熱力、想像力。"可見敦煌藝術給當時習於文雅的知識分子多麼大的震撼。

　　我們欣賞到敦煌的藝術成就，便明白畫家常書鴻為何千里迢迢由法國回到戰火蹂躪的中國，追尋敦煌，成了第一任的敦煌研究所所長。常書鴻曾懷疑 1932 年法國野獸派畫家羅奧（Roualt）的畫《對耶穌的嘲弄》，是否有敦煌的影子，後來他在日本尋得資料，證

實是受敦煌北涼第 275 窟的壁畫影響。因為法國的伯希和把拍下的敦煌壁畫，刊印在畫冊，於是北涼壁畫的磅礡氣度，竟然影響了 1930 年代巴黎的畫家。本來常書鴻到法國學畫，是要學當時最領先、最有創新精神的繪畫藝術，他在法國卻發現了敦煌，發現那裏竟有他苦苦追尋的藝術，於是返回中國。

近百年來，文化瑰寶我們放棄得太多。我們若能像常書鴻那樣，重新認識中國存有的藝術，有助重建中國人的文化自信。我們不能只靠金錢、國力帶來的自信，如果沒有文化的自信，我們將永不能做到不亢不卑。

西魏第 249 窟窟頂北坡（局部）

麥積山塑像（複製）

超越敦煌更珍視敦煌

中國有很多美麗的地方和文化遺產，要多看多比較，才能夠串得起來，重現中國藝術的脈絡和成就，然後更明白敦煌在中國藝術的地位。凡去過敦煌的，應該考慮怎麼超越敦煌。不必說遠的，與敦煌同在甘肅的麥積山石窟，就有非常漂亮的南北朝塑像，號稱雕塑藝術博物館。樊院長有一次對我說，如果敦煌與麥積山有相同的圖案，一定是麥積山的較美，因為它是皇家石窟。但是麥積山位於天水，時常下雨，壁畫難以保存，能保留下來的主要是塑像。

要真正明白敦煌，不光要放眼中國，還要超越中國，放眼世界。

季羨林曾說"世界上歷史悠久、地域廣闊、自成體系、影響深遠的文化體系只有四個：中國、印度、希臘、伊斯蘭，再沒有第五個。而這四個文化體系匯流的地方只有一個，就是中國的敦煌和新疆地區，再沒有第二個。"於是大眾流傳一個講法，說敦煌是世界四大文化的唯一匯流地點。

其實季羨林的話裏還包括新疆，所以若要概括得準確一點，應該說敦煌是世界四大文化體系唯一匯流地點的一部分。

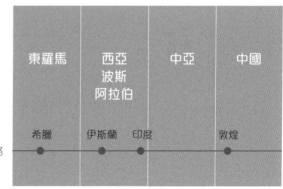

不過這個一部分很特殊，因為它體量很大、文物很集中，所以是匯流地點裏一顆特別耀眼的星。

　　至於為甚麼是那四大文化體系，我的理解是：中國和印度因為地理的原因，兩地的文化都是相對獨立地孕育而長久延續下來的；希臘其實是地中海東岸文明（包括埃及、小亞細亞、兩河流域西緣等）的匯集體，而又經過阿歷山大東征散播，以及羅馬帝國吸收延續，所以影響深遠，及於今日的歐美；伊斯蘭文化不是阿拉伯帝國單獨締造的，其實是波斯打敗巴比倫，吸收了兩河流域的精華，阿拉伯帝國又吞併波斯，於是把世界四大古文明的兩河文明和它的繼承者波斯的文化精華，都收為己用。

　　如果不明白這四大文化體系，我們對敦煌的欣賞也還是孤立的。有好幾年，我不斷去伊朗（波斯）、印度、土耳其等地。如果今天你到土耳其伊斯坦堡（它曾是東羅馬帝國的首都），一定會去看東羅馬帝國在公元 6 世紀興建的聖蘇菲亞大教堂，它是個單體建築，但你會感覺它很偉大，然後你反過來看敦煌，會發覺敦煌體量之大、文物之集中，也很偉大。這時你對敦煌的了解便有了更深的底蘊，回視你當初喜歡敦煌的看法，可能已經跨一大步了。

從敦煌看香港

1999 年商務印書館辦防沙功德林工程，推動香港人保育敦煌。保育是要花大量金錢的，在莫高窟的崖頂，我曾問樊院長這無邊沙海要綿延到甚麼地方，那答案嚇我一跳。

各位想想，為甚麼我們要保護敦煌？這個問題我在編輯敦煌的日與夜禁不住反覆思量。當年的敦煌絕對沒有今天那麼繁榮，夜幕之下，仰對低垂的星空，自然會問，為甚麼敦煌石窟會存在於這片荒涼的地方。繁榮了一千年的敦煌留下世界級的文化遺產，但交通條件改變了，現在它這麼破落與荒涼。那麼將來的香港呢？如果交通改變，香港將來留下甚麼給後人呢？

電腦時代有一個詞叫做激活，那是對 Double Click 這動作的一種譯法。我喜歡這個詞。激活這個動作是主動的，為了做一些事情，你反覆按下鼠標。如果不是為了激活，為甚麼花大量金錢及人力來保育敦煌？我希望敦煌的藝術能為中國大眾欣賞，能為世界人類共享。但我身為香港人，也希望敦煌能為香港注入文化動力，激發我們的熱情，像當年的中國畫家那樣，令我們在這金錢社會裏，得以提升境界。有一天，當香港不再繁華，希望我們留下的東西，足以為後人讚賞。

詩云"花開堪折直須折，莫待無花空折枝"，我相信人生是這樣，一個城市也是這樣。今時今日，一個香港出版社如果想出版中國最重要的兩個文化藝術寶庫的全集，我想是沒有機會了，因為現在中國很富裕，不再需要香港來為它出書。當日我們把握了時機，盡了能盡的力，把世代累積的中國藝術文化訊息搬到香港人身邊。今天香港仍然是中西文化交匯的重地，我相信以現代的精神激活千年的瑰寶，是大家花上這麼多工夫來保育敦煌的重要意義之一。

二

無法磨滅的敦煌體驗

在敦煌攝影的日子

王　苗

　　1986 年，我從北京的中國新聞社到了香港，在香港的《中國旅遊》雜誌當記者、編輯，工作了 26 年。我曾經去過敦煌四次。第一次在 1978 年的春天，當時我還在國家文物局屬下的一個文物出版社當攝影師。改革開放後，我作為一名攝影助理，跟一位 70 多歲的老人家彭華世，一起到敦煌。

　　1971 年，在一個偶然的機會，進了國家文物局的一個出國文物展覽的工作隊，跟一些老師傅學攝影。那時候曾經抱着那些一級文物、特級文物在故宮的五音殿裏到處跑，然後把它們擺在桌上拍照，為了出國展覽時給這些文物留影像。如果哪裏有破損，以後可以有一個對照。1974 年，我就到了文物出版社，開始中國石窟的拍攝工作，曾到山西晉祠和龍門的雲岡石窟拍攝石佛。拍攝時要爬在很高的梯子上，跟石佛差不多的高度，才拍得不變形。若從地下拍的話，一定是仰角，那個佛像就變形了。

2 | 3

1

1. 山西晉祠內留影，中間為老師傅彭華世

2, 3. 近距離拍攝石像

拍攝日子的點滴

圖中右二為常書鴻院長，左一為王苗

1978 年，我就到了敦煌。當時敦煌經過了十年浩劫，但石窟都得到了很好的保護。樊院長曾說，文化革命期間，敦煌得到很好的保護，沒有一個洞受到破壞。到了敦煌後，我便一個洞接一個洞地拍攝彩色的反轉片。當時敦煌研究所所長是常書鴻先生，他早年長期到法國學畫畫，是位非常有名的教授。解放以後，他第一件事情就是帶着他的助手，一起到敦煌。我們曾經一起在敦煌度過了大概兩、三個月。當時那位老人家常常跟着我到處走，後來他跟我說，跟着我進洞窟那些壁畫都特別好看。為甚麼？因為我拿着四個強光燈泡在洞裏拍攝，把每一幅畫都打亮了，老人家便天天跟着我，我在哪拍，他就進哪個洞，我在拍照，他在旁邊畫畫、臨摹。後來突然有命令，說不許拍照，因為日本人來了，擔心日本人也來拍攝敦煌，便叫我們暫時停止。我們等了很多天都沒事幹，後來跟管理員要了一串鑰匙，那五把鑰匙能打開敦煌所有洞窟呢！我便一個人拉着拖板，插上燈泡，然後卡着三腳架，在洞裏慢慢拍攝。就這樣幾乎把洞窟裏最漂亮的壁畫都拍下來了。

我們白天在洞裏拍攝，每天晚上常院長和跟院長旅法畫畫的龐薰琴就教我畫畫。現在我都想不出來，自己怎麼能畫出這個飛天，現在絕對畫不來了。那是唐代式的飛天。另外，龐薰琴還畫了兩幅畫送給我，其中一幅畫的是敦煌莫高窟前的大白楊樹，還提詞"昔日的苗苗長成了今天的大樹，高過莫高窟，氣死如來佛"。另一幅畫中寫道，"此乃菩薩，而非苗也。畫此菩薩送王苗同志。"當時沒有圖章，他就畫了一個"琴"字的圖案。這幅畫現在還掛在我家牆上。

　　當時在敦煌拍攝是非常艱苦的。剛剛去的時候水是不能喝的，因水裏有鎂。莫高窟前有很多梨樹，那些梨都不能吃，據說必須把梨放在窗台上曬十天八天，待水分蒸發了才能吃，不然的話會拉肚子。當時要從 25 公里外的縣城帶一些甜水回來喝，慢慢適應後，才敢喝當地的水。

1｜2

1. 龐薰琴送給王苗的菩薩畫
2. 王苗繪畫的唐代飛天圖

1 | 2

1. 敦煌北坡

2. 1978 年的洞窟內

拍攝時也非常困難，因為彩色反轉片的曝光要求
非常高，不然顏色會不好看。當時只能靠曝光表去量
色溫、量曝光度。但是就這樣拍心裏還是不知效果如
何，我便在敦煌下的一個暗房裏沖曬膠卷。那些膠卷
都是進口的柯達反轉片，對溫度的要求非常高，一定
要達到 39 度半才能曬出相片。那個房子裏很冷，怎麼
辦呢，我便找個土爐子來燒，然後一張張、一卷卷地
沖曬相片，看到效果後就可以繼續拍攝。第一次在敦
煌便一直拍了兩個多月。

1978 年敦煌西千佛洞外景

多姿多采的飛天

　　1979 年春天，第二次到敦煌。當時是應中國內地的中國旅遊出版社邀請，到敦煌專門拍攝飛天。當時拍攝了很多種類的飛天如安西榆林窟中窟頂的胖飛天，我們都叫它胖飛天。那些壁畫畫的都是唐代的飛天，顯得多麼富態，多麼有趣。那些飛天都在安西，離莫高窟比較遠。而我特別喜歡莫高窟的隋代窟頂的飛天，它的畫很飄逸，人的身體和臉本來應該都有顏色，現在變成了黑色，更有另外一種韻味。還有一張很有趣的，是西魏時在南壁的一個裸體飛天。

　　另一個值得留意的是北魏時在南壁東側的飛天。人的眼睛和鼻子因為顏色和礦物質變化，變成白色的線，我倒是覺得，這是一種畫飛天的現代手法。

　　我覺得敦煌的石窟，確確實實在描繪社會生活和理想中的佛家世界，使人們喜聞樂見，他們的筆觸剛勁有力，線條流暢自如。他們這種渾厚的畫風，後來和中國文人畫的風格是截然不同的風格和調子。

莫高窟隋代窟頂的飛天

在故宮學習攝影時，已認識常書鴻院長的兒子常嘉煌，我們一起學習，也算是師兄妹。當我在 1978 年到敦煌時，他正好也在，他的爸爸常書鴻院長也在。常嘉煌便帶我到處逛，到處跑，除了拍照之外的時間，把敦煌周邊的地方都走過了，三危山、千佛洞，最東邊的、荒蕪的洞窟都爬過了。有一件特別遺憾的事情想跟大家分享。常嘉煌帶我翻牆爬進一個小院子裏，他說那兒有好多銅佛。西藏文化革命期間，佛像都被拿下，打算運到火車上去煉銅。常書鴻院長發現後攔截下來，從中挑選了些比較精美的佛像留在敦煌。我們在那些銅佛中到處亂轉，到處摸摸爬爬，又爬那些沒有道路的洞窟。洞窟裏沒有壁畫，只有些小泥佛在高處，我們還扔石頭去敲它們。當時真的不懂得保護它們，現在想想實在太不應該了。

1 | 2 | 3 | 4

1. 北魏南壁東側飛天
2. 榆林窟 15 北坡捧花飛天
3. 榆林窟中窟頂的胖飛天
4. 西魏南壁裸體飛天

為敦煌奉獻一生的常書鴻

在巴黎留學的常書鴻

　　想再跟大家分享一下常書鴻先生的故事，他是中國第一代的敦煌學家，也被稱作敦煌的守護神。敦煌石窟的保護和研究，從上世紀的 40 年代起，常書鴻先生在極其艱苦的條件下對敦煌壁畫進行修復、整理和臨摹，並且舉辦很多展覽和出版畫冊，向世人介紹敦煌藝術。而常嘉煌是 1950 年在敦煌的皇慶寺出生的。

　　1935 年的秋天，常書鴻先生在法國巴黎學畫，他在塞納河邊散步時，被畫攤上的一本畫冊深深吸引。那是伯希和拍的敦煌圖錄，是黑白色的，他當時特別吃驚。說這些東西沒見過，也沒聽說過。他很震驚，跑到旁邊的美術館看到敦煌的絲畫和佛像，它們跟中國水墨畫完全不一樣，色彩非常鮮艷。他就想去敦煌。當時常書鴻已經有近十年法國藝術教育的訓練，而且已經進入巴黎美術界的上流社會，得了三個獎項。正當常書鴻目睹敦煌壁畫的壯美而遺憾不已的時候，中國

常書鴻在法國創作的全家福畫像，包括他的第一任妻子陳芝秀和女兒常莎娜。

國內有一封邀請信請他到北京的國立藝專當教授。機會來了，他就回國了。回國以後他就想去敦煌，別人都勸他，當時正值戰爭時期，兵荒馬亂的去敦煌很不容易。

終於在 1942 年，回國整整七年之後，他終於到了敦煌。當時的國民政府，準備成立敦煌藝術研究所。他被任命為籌備處的副主任，他從重慶出發，顛簸了二十多天，從甘肅的安西又騎了整整三天的駱駝，終於踏上了敦煌的土地。常嘉煌告訴我，他至今仍清楚記得，父親談到那天時的興奮，實在難以言表。常書鴻到了敦煌很感動，那刻晨光照在莫高窟前，一片金光燦燦的顏色，他非常高興，說駱駝一看到那個綠洲就往前跑，駱駝的腳印就像花瓣，非常漂亮。

當常書鴻到達敦煌，他所面對的卻是一個已經被中國人遺忘、被西方人連番掠奪的敦煌。到處都是破敗的洞窟遺址、遺跡，他感到非常失望，因為他曾在法國看到的珍品顏色非常鮮艷。牧羊人可以在洞窟裏住，封了洞在裏面燒火做飯，把壁畫都燻黑了。當時他想，既然來了，就要先保護它，沒有保護就不可能再研

究。雖然他對敦煌的生活條件早有思想準備，但是當地生活艱苦，還是給了他一個下馬威。他在城裏買的豆腐到莫高窟就餿了，那裏的水是鹹的，他喜歡喝咖啡，喝的咖啡都是鹹的，生活非常艱苦。而敦煌位於甘肅河西走廊的西端，是個內陸風沙大、雨水少、異常乾燥的典型沙漠性氣候，莫高窟則深深陷在敦煌的腹地，人煙稀少，周圍又沒有村莊。

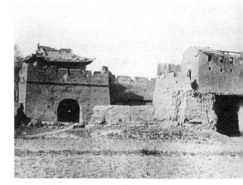

1943 年的敦煌縣城南門

張大千的贈言

那時張大千也在敦煌。張大千離開前跟常書鴻說，"我要走了，但是你在這裏可是無期徒刑啊。"張大千的這一句無期徒刑，不無深意。選擇留在敦煌不僅要忍受物質生活的痛苦，要耐得住寂寞，承受精神上的折磨，而保護和研究這麼浩大的藝術作品，又怎麼能是一朝一夕可以完成，那將是漫長的、要耗費一生去完成的事業。常書鴻心裏非常清楚，也甘願忍受。但是巨大的工作量還是超乎他的想像。首先他在敦煌莫高窟前修牆。用泥修了一座長長的像萬里長城一樣的泥牆，把敦煌莫高窟保護起來，讓別人不能輕易進去。

當時他的夫人忍受不了敦煌的艱苦生活，不辭而別，留下一對兒女。敦煌的工作對常書鴻來說，擔子非常沉重，他已經完全不是一個畫家，而是一個工頭了。他要關注每個細節，事事必須親力親為，敦煌的壁畫包括莫高窟、千佛洞、安西榆林窟等，都是規模巨大，內容豐富，而常書鴻初到敦煌的時候，敦煌裏的、洞窟裏的壁畫都沒有經過整理。於是，確定洞窟內詳細的信息，便成為常書鴻最重要的工作。研究院的編號就從那時開始，並開始保護和清理將近 490 多個洞窟，把沙子從洞窟裏清理出來。

1947 年常書鴻跟李承先結婚

說到常書鴻的第二任妻子李承先，即常嘉煌的母親。她是位學畫的學生，常書鴻先生在重慶認識了她，並在 1947 年結婚，繼續敦煌的保護工作。他們夫妻之間沒甚麼風花雪月，也沒甚麼浪漫的生活，連比較休閒的生活都沒有，全部都只有敦煌。後來常嘉煌也成為畫家，他深深明白當年父母在洞窟裏一筆一筆地臨摹，就是為了讓更多人分享到敦煌藝術的美。

1956 年和 1963 年，國家提供兩次大筆撥款整修敦煌，常書鴻被任命為敦煌文物研究所所長，繼續進行敦煌藝術的研究和保護工作。

1 | 2 | 3

1. 常書鴻的莫高窟鋼筆畫

2. 1956 年大規模的保護及臨摹工作

3. 常書鴻及李承先

1979 年常院長（右）向關山月（左）和黎雄才（中）講述張大千的蘑菇地圖故事

剛才說到張大千贈言常書鴻為無期徒刑，張大千玩送了一幅畫給常書鴻。左圖中常院長手裏拿着張大千留給他的蘑菇地圖。因為敦煌常年乾旱，只有在下雨時才會長蘑菇，所以張大千臨走前留給他一張蘑菇生長處地圖。而相中左邊的是著名畫家關山月，中間是黎雄才。那年正值中秋節，關山月手裏拿着一大堆蘑菇，就是按照張大千留下的蘑菇圖採到的。

常嘉煌年少時曾想去法國或美國學畫，他的父親告訴他要先去日本學習。因為日本把中國的一些傳統藝術都帶走了，他學好了要帶回中國，因為他是國家培養出來的學生，要為國家做事。

1994 年 6 月，常書鴻仙逝，常嘉煌按父親的遺願，把遺骨埋葬在生前居住的小院子裏。現在敦煌研究院為他立了一個塑像，另外把他的一些骨灰安葬在莫高窟對面的沙山上。

三

不朽文化與創意啟蒙

敦煌的創意

何嘉豪、郭凱衡、丁澤銘、曾穎瑩、溫景稀

"創意是要超越界限，重新定義事物和事物之間的關係。也就是找出事物間的相關性，將既有的元素重新結合。"

—— 賴聲川

千百年來，敦煌一直是陸上絲綢之路的必經據點，憑着其獨特的地理優勢，成為商旅來往中西兩地的關口。正因其來往商人絡繹不絕，敦煌漸次變成一個海納百川的文化相匯之地，孕育着壯麗的"敦煌文化"，以壁畫及雕塑等方式流傳下來，震撼不少後人的心。

或許，莫高窟給人一種深不可測的感覺；或許，莫高窟給人一種高不可攀的感覺；或許，莫高窟給人一種沉悶的感覺；然而，在敦煌之旅中，我們發現原來可以用一個有趣生

動的方式去了解莫高窟——從莫高窟看出敦煌的創意。這樣，莫高窟就變成了一個生氣盎然的地方，吸引我們駐足欣賞，流連忘返。我們希望向廣大市民展示莫高窟的創意，吸引他們更關心及留意莫高窟這世界文化遺產，點燃起他們參與保育的決心。

敦煌是一個中西文化交匯的地方，敦煌研究院特別研究員李美賢女士，甚至把敦煌與現今的國際城市如香港及紐約等相提並論，可見敦煌對不同文化的包容及結合仍方興未艾。正正是這種對不同文化的接納、包容及結合，使敦煌的工匠能將中西兩地傳入的、既有的藝術元素重新結合，超越各自的界限，成就不朽的敦煌文化。

我們嘗試從敦煌的壁畫和彩塑中，找尋創意。

從壁畫看畫工的個人創意

創意的呈現有時候可以很明顯，例如天馬行空，有違常規，別於中原文化的表達，觀畫者很容易察覺它們的存在。但是要找出畫家個人創意便需要觀畫者更多的細心觀察和比較。

絲路上到處都可以找到民間畫工的影蹤，這些無名大師，在敦煌的一排排洞窟裏繪下了驚世駭俗的作品。當我們多次進出莫高、榆林的洞窟時便察覺，縱使有時候不同的洞窟所呈現之佛學主題和故事類近，但每個洞窟、每個佛龕、每面壁畫的表達手法以及其所呈現的整體感覺，都有獨特之處。壁畫、彩塑描繪中的佛學人物雖保留了固有的元素，但每個個體呈現的姿態各異，表情多變，毫不重複。這便是民間畫工們個人創意的體現。他們發揮個人想像，參照個人經驗，糅合自身對世界和宗教的感悟，把個人的藝術元素放進作品，重新整合，賦予畫面個人特色和更新的意境。這些不知名的建造者、畫工、塑匠，留下了自己的手筆、足跡，拼湊成絲路上這幅震懾人心的創意版圖。

彩塑的啟發

　　從來，人們對神佛的模樣和生命形態的認知都是建立於畫工、塑匠們的臆想之上。敦煌石窟看到有關佛國的一切，都是建造者以想像創造出來的世界，想像的事物更要靠想像的形象來呈現。所以，看彩塑中表現的神佛模樣和生命形態是一種對塑匠的想像空間和創意空間的探索。

　　塑匠可運用個人創意的地方在於細節的重新整合。神佛的眼神、眉頭的鬆緊、嘴角上翹的幅度、千變萬化的手勢和站立的姿態等等，都是打造神佛的生命力的重要細節。塑匠的創意空間和對美的感悟可以從這些細節的變化中具體地呈現。

　　當我們遊走在彩塑之間，會發現從側面、正面、俯視和仰視等等的角度去觀賞時，塑像的表情、姿態給我們的整體感覺都產生了微妙的變化。心中不期然產生一個疑問，到底要採怎樣的角度，才可以用攝影機把當下的感覺和塑像的神態捕捉下來呢？把立體藝術品呈現在平面的相片上，同時又要注重當下塑像帶給攝影師的感覺，的確是一門高深的學問。

　　若果說當我從不同的角度觀察彩塑，讓我聯想到拍攝塑像的角度和構圖，塑像的表情、姿態和其所呈現的生命力，便讓我想起如同人像攝影這一個課題。人像攝影比塑像攝影更難掌握，攝影師除了要考慮拍攝的角度和構圖外，要考慮的還有主角人物應該用甚麼表情，如何運用姿態和動作去達到甚麼樣的感覺。

作為一個人像攝影師，其實可以從敦煌彩塑找到不少靈感。人像攝影講求拍攝對象的姿態和情緒如何與攝影師互動。如果說拍攝對象是一個有故事要說的人，攝影師便擔當了解說故事的重要一員。攝影師要做到的，就是引導拍攝對象，利用其表情和姿態，把故事演繹在一張平面的相片上。我相信細心觀察塑像們不同的眼神、手勢、體態、眉頭的鬆緊度、嘴角上翹的幅度，如何側頭擺腰，如何披衣等，均可以給人像攝影師很多啟發。

除了攝影師外，演員也可以從塑像的神情和肢體語言中得到啟發。演員要傳神地把角色的思想和性格表現出來，就如人像攝影師一樣，都需要綜合眾多的觀察，從而潛移默化再表現出來。

用心的作品

早前我們訪問了著名攝影師水禾田先生有關他對創意的看法，他的回應簡單而直接："用心"。無論是進行藝術創作還是撰寫一個報告，最重要的元素正正是"用心"，用心的作品自然能打動人心，自然富有創意，自然是上乘之作。我們亦希望大家能用心看待敦煌，用心看待莫高窟，用心發掘其創意，細味其藝術韻味。

附

錄

香港敦煌之友簡介

　　"香港敦煌之友"是香港特別行政區政府認可的非牟利團體，在 2010 年 5 月成立。創會成員包括余志明先生、李焯芬教授、李美賢女士、紀文鳳女士及黃炳培先生。它在中國甘肅省敦煌研究院同意和決定下成立，旨在協助該院為保護、保育敦煌石窟及培育人材籌募經費。

　　自成立以來得到各界認同和支持，截至 2021 年底已籌得人民幣逾 3,500 萬元。款項用於石窟壁畫高解像度數碼化工程、石窟壁畫維修測試及保護、麥草方格治沙工程、修建改裝遊人及職工使用的洗手間以改善景區環境。又在中學進行認識敦煌文化的展覽、為敦煌員工提供多種類的國內外交流、學習、技術培訓。還有捐資器材、出版研究著作及文物保護需要的設備，至 2021 年底已送出了人民幣 2,500 萬元。

2010 年 10 月 8 日，在本會成立的新聞發佈會上，理事會成員及捐款人一起把當時籌得的人民幣 5,520,504 元交給時任敦煌研究院院長樊錦詩。

在本會成立之初，認識到敦煌壁畫受人為及自然災害破壞必然消失的現實，因而響應敦煌研究院名譽院長樊錦詩呼籲，把保存洞窟壁畫現狀的洞窟壁畫高解像度數碼化工程定為本會的重點籌款項目。目前已資助了 96 個洞窟的數碼化工程，當中已有 80 個洞窟完成了工程。在敦煌研究院建設的"數字敦煌"網站（www.e-dunhuang.com）中展示的 30 個重點洞窟中有 28 個是由本會贊助人資助的成果。

隨着國家"一帶一路"戰略推進，敦煌石窟代表開放包容，中西文化匯萃的藝術地位備受重視。因而根據敦煌研

究院前院長王旭東（現為北京故宮博物院院長）意見，
為院內不同職種的職工有更多機會到海外學習、進修、
交流，而增設"國際化人才培訓"項目。三年間已有逾
百人次參與，為敦煌石窟藝術能進一步實現國際化培育
人才。

　　我們亦在香港通過文化講座，訓練有興趣敦煌文化
的志願者在學校、團體及各種敦煌展上擔任深度講解敦
煌文化的講師或導賞員。由本會創會主席余志明贊助的
壁畫數碼化成果利用的種子實驗《人間淨土：走進敦煌
莫高窟》多媒體沉浸式展覽，成為香港的文化多媒體創
意的首個實用案例。展覽在香港、中國內地和海外多個
博物館共參與了 17 次重要的藝術交流，在不同地區介
紹了敦煌文化藝術。

　　我們感謝一貫支持本會工作的各位捐款人、出心出
力的志願者和各界熱愛敦煌文化的社會各界人士，期望
有更多人關心和參與中國文化的推廣傳承。文物保護任
重道遠，讓我們一起繼續努力。

弘揚敦煌文化成果

- 香港敦煌之友配合敦煌研究院的呼籲，重點捐款項目是支持 167 個重點洞窟的高解像度數碼化工程。它利用現代科技永久保存壁畫現狀，有利學術研究及承傳敦煌文化。至 2021 年 12 月底，已有 96 個洞窟獲得贊助，當中有 80 個洞窟已完成工程。

凡贊助數碼化工程的捐款人，皆獲敦煌研究院送贈所捐助洞窟的數碼化成果光碟乙套及高解像度圖像的局部壁畫乙幅。本會名譽會長梁愛詩女士主持光碟致送儀式後與捐款人合照。

- 我們使用數碼化成果的壁畫影像舉行講座，因圖像可以放大縮小，巨細無遺地觀賞。參加者均認同比在洞窟內觀賞還要仔細清晰，令各界更認識壁畫數碼化工程的重要性。

我們至今已舉動過逾十場講座。圖為 2012 年，時任敦煌研究院院長樊錦詩先生聯同本會李美賢副主席一起解讀莫高窟 220 窟南壁 "無量壽經變"。

- 本會亦協助敦煌研究院與香港城市大學合作製作了"人間淨土——走進敦煌莫高窟"身歷其境展覽。展覽在 2012 年首展後獲邀在全球著名的博物館、設計展覽參展，成績獲國際認同。兩年來展出了 17 次，有數以萬人曾經參觀。

獲邀在"香港書展 2013"展出，吸引了大批市民入場參觀，向各界推廣敦煌文化。

其他工作成果

- 莫高窟崖頂生物治沙工程，是敦煌研究院根據當地環境開發，專治莫高窟風沙的方法。其能從源頭阻截風沙飄進洞窟，降低對壁畫的磨損。

由本會捐款人捐助人民幣 20 萬元進行的方格沙障計劃，防護年限為 3 至 6 年。

- 為鼓勵年青學者投身敦煌學研究而設立的"敦煌獎學金"，由國內外的敦煌學專家學者擔任評審，此獎項乃是對年青學者的嘉許及榮譽。自 2010 年至今，本會捐款人已贊助了 61 個名額，當中的 45 個名額已經送出，共人民幣逾 41 萬元。

首屆敦煌獎學金得獎者，在頒獎儀式後與評審委員會及工作人員合照。

- 本會亦贊助敦煌研究院學者到國外考察與敦煌相關的資料，過往曾先後贊助他們到法國及印度考察。除可增加學者的研究課題，亦可提升敦煌研究院規劃及推行各類工作。

彭金章教授（右三）獲捐款人贊助到印度考察，與當地學者舉行研討會交流的情況。

- 本會亦支持"敦煌文化在我身邊 —— 文化遺產知識進校園"活動。此活動始於常州市局前街小學 46 名學生把積蓄共人民幣 219.5 元寄到敦煌研究院。此事經媒體報道後，引起很大迴響，由此促成於中學推廣敦煌。活動推行至今，已擴展至大專院校，並以不同形式於北京清華大學及北京服裝學院舉行。

常州市局前街小學的學生從敦煌的壁畫故事得到啟發，設計了敦煌壁畫棋盤，在"敦煌文化在我身邊——文化遺產知識進校園"活動內發表。

- 每年本會均為捐款人舉辦"敦煌文化考察團"，以了解保護敦煌文化的工作。至今已經有約一百位捐款人參加過考察團。

捐款人到敦煌莫高窟崖頂了解治沙工程的方法及成效。

（資料及圖片由香港敦煌之友及敦煌研究院提供）

作者簡介：

樊錦詩　　敦煌研究院院長

李美賢　　敦煌研究院特別研究員

吳　健　　敦煌研究院數字中心主任

李焯芬　　香港大學專業進修學院院長

陳萬雄　　聯合出版集團顧問

何培斌　　香港中文大學建築學院教授

紀文鳳　　香港敦煌之友委員會委員

馮成章　　《明報》前執行總編輯

張倩儀　　《敦煌石窟全集》策劃

王　苗　　香港中國旅遊出版社副社長暨總編輯

何嘉豪、郭凱衡、丁澤銘、曾穎瑩、溫景稀　　學生